ALFABETIZAR LETRANDO NA EJA
Fundamentos teóricos e propostas didáticas

Coleção Estudos em EJA

ORGANIZAÇÃO
Telma Ferraz Leal
Eliana Borges Correia de Albuquerque
Artur Gomes de Morais

ALFABETIZAR LETRANDO NA EJA
Fundamentos teóricos e propostas didáticas

1ª reimpressão

autêntica

Copyright © 2010 Os organizadores

COORDENADOR DA COLEÇÃO ESTUDOS EM EJA
Leôncio Soares

PROJETO GRÁFICO DE CAPA
Diogo Droschi

EDITORAÇÃO ELETRÔNICA
Waldênia Alvarenga Santos Ataíde

REVISÃO
Ana Lins

EDITORA RESPONSÁVEL
Rejane Dias

Revisado conforme o Novo Acordo Ortográfico.

Todos os direitos reservados pela Autêntica Editora. Nenhuma parte desta publicação poderá ser reproduzida, seja por meios mecânicos, eletrônicos, seja via cópia xerográfica, sem a autorização prévia da Editora.

AUTÊNTICA EDITORA LTDA.
Rua Aimorés, 981, 8º andar . Funcionários
30140-071 . Belo Horizonte . MG
Tel: (55 31) 3222 68 19
Televendas: 0800 283 13 22
www.autenticaeditora.com.br

Dados Internacionais de Catalogação na Publicação (CIP)
(Câmara Brasileira do Livro, SP, Brasil)

Alfabetizar letrando na EJA : fundamentos teóricos e propostas didáticas / organização Telma Ferraz Leal, Eliana Borges Correia de Albuquerque, Artur Gomes de Morais. – 1. reimp. -- Belo Horizonte : Autêntica Editora, 2010. – (Coleção Estudos em EJA)

Vários autores.
ISBN 978-85-7526-418-8

1. Alfabetização (Educação de adultos) I. Leal, Telma Ferraz. II. Albuquerque, Eliana Borges Correia de. III. Morais, Artur Gomes de. IV. Série.

09-11335   CDD-374.0124

Índices para catálogo sistemático:
1. Alfabetização : Educação de jovens e adultos
374.0124

Sumário

7   Apresentação

PARTE I
Discutindo alguns fundamentos da alfabetização de jovens e de adultos

13   CAPÍTULO 1 - **A relação entre alfabetização e letramento na Educação de Jovens e Adultos: questões conceituais e seus reflexos nas práticas de ensino e nos livros didáticos**
Eliana Borges Correia de Albuquerque
Artur Gomes de Morais
Andréa Tereza Brito Ferreira

31   CAPÍTULO 2 - **O aprendizado do sistema de escrita alfabética: uma tarefa complexa, cujo funcionamento precisamos compreender**
Telma Ferraz Leal
Artur Gomes de Morais

49   CAPÍTULO 3 - **A consciência fonológica de alfabetizandos jovens e adultos e sua relação com o aprendizado da escrita alfabética**
Artur Gomes de Morais

71   Capítulo 4 - **Os textos na alfabetização de jovens e adultos: reflexões que ajudam a planejar o ensino**
Telma Ferraz Leal
Eliana Borges Correia de Albuquerque
Leila Britto de Amorim

Parte II
Teorizando a prática

93   Capítulo 5 - **Estabelecendo metas e organizando o trabalho: o planejamento no cotidiano docente**
Telma Ferraz Leal

113   Capítulo 6 - **Sílabas, sim! Método silábico, não!**
Andréa Tereza Brito Ferreira
Eliana Borges Correia de Albuquerque

129   Capítulo 7 - **O ensino dos princípios do sistema alfabético e de suas convenções**
Telma Ferraz Leal
Artur Gomes de Morais

153   Capítulo 8 - **Sugestões de atividades para alfabetização na perspectiva do letramento: mais algumas reflexões**
Eliana Borges Correia de Albuquerque
Telma Ferraz Leal

183   **Os autores**

Apresentação

Esta publicação é resultado de um conjunto de reflexões que estamos realizando, desde 2003, juntamente com alunos da Graduação e Pós-Graduação em Educação da UFPE e professores da Educação Básica, acerca da alfabetização de jovens e adultos. São resultados de pesquisa e de avaliações realizadas em Programas de Formação Continuada de Professores. Sintetiza, portanto, conhecimentos gerados por muitos profissionais que vêm se dedicando ao tema de modo comprometido e responsável.

Nos projetos de pesquisa e nos projetos de formação de professores, temos tido a satisfação de dividir angústias e alegrias com os docentes que buscam, muitas vezes de modo solitário, encontrar estratégias para melhorar o acesso dos jovens e adultos às situações sociais em que a escrita se faz presente. Por tal motivo, ao longo de toda a obra, vários relatos são inseridos, em reconhecimento a tais esforços e como meio de socializar os muitos saberes que esses professores da Educação Básica têm gerado no cotidiano da sala de aula. Objetivamos, portanto, refletir sobre a alfabetização de jovens e adultos e, ao mesmo tempo, socializar estratégias didáticas que favorecem a emergência de situações ricas de aprendizagem para jovens e adultos alfabetizandos e para nós, professores e pesquisadores.

Na primeira parte da obra, discutiremos alguns fundamentos da alfabetização de jovens e adultos que nortearam as análises e sugestões que estamos apresentando. Na segunda parte, daremos continuidade a tais discussões, mas enfatizaremos mais as reflexões sobre as situações didáticas, sobre as atividades vivenciadas pelos professores, acrescentando novas sugestões de proposições didáticas.

No capítulo 1, Eliana Borges Correia de Albuquerque, Artur Gomes de Morais e Andréa Tereza Brito Ferreira apresentam discussões sobre os conceitos de alfabetização e de letramento, problematizando suas fronteiras e propondo a adoção de uma abordagem da alfabetização na perspectiva do letramento. A partir da conceituação elaborada, os autores discutem seus impactos na superação de atuais limitações de práticas de alfabetização e de propostas de livros didáticos que têm investido quase que exclusivamente na ampliação do letramento dos alfabetizandos jovens e adultos.

Telma Ferraz Leal e Artur Gomes de Morais, no capítulo 2, discutem uma das dimensões do trabalho da alfabetização, que é a aprendizagem do sistema alfabético de escrita. Fazem exposição de alguns conceitos que ajudam a entender o funcionamento desse sistema de escrita, enfocando, logo após, questões relativas aos processos de aprendizagem vivenciados pelos jovens e adultos que buscam se inserir nas práticas de escrita.

Dando continuidade àquelas reflexões, Artur Gomes de Morais, no capítulo 3, aprofunda o conceito de consciência fonológica, mostrando evidências de pesquisa das relações existentes entre a consciência fonológica e a apropriação do sistema alfabético de escrita e culmina com a apresentação de resultados de pesquisa que mostram quais são as habilidades de consciência fonológica que os jovens e adultos desenvolvem durante o processo de alfabetização e que tipos de situações didáticas podem ajudar os estudantes a avançarem em tais habilidades.

Para finalizar a parte I, Telma Ferraz Leal, Eliana Borges Correia de Albuquerque e Leila Britto de Amorim debatem sobre a importância do trabalho relativo à compreensão e produção de textos orais e escritos durante a alfabetização. Com base em dados de pesquisa, mostram evidências das expectativas que jovens e adultos têm ao retornarem à escola para se alfabetizarem, e sistematizam proposições relativas às habilidades fundamentais a serem contempladas nessa etapa de escolarização, nesses diferentes eixos de ensino, com exemplos de como tais habilidades e conhecimentos podem ser estimulados em sala de aula.

Iniciando a parte II da obra, Telma Ferraz Leal discute sobre o planejamento do ensino. Este capítulo se articula aos seguintes por propor que o docente, ao planejar seu trabalho, precisa ter clareza das prioridades e considerar que os jovens e adultos têm capacidades desenvolvidas, que podem ajudar, sobretudo, na própria organização das rotinas escolares. A autora sistematiza, logo depois, princípios relativos à organização de rotinas de trabalho e expõe modalidades de organização do trabalho pedagógico que podem ser adotadas no processo de alfabetização.

No capítulo 6, Andrea Tereza Brito Ferreira e Eliana Borges Correia de Albuquerque propõem que na rotina do trabalho de alfabetização sejam encaminhadas boas propostas de atividades para ajudar os estudantes a entender o funcionamento da base alfabética e, ao mesmo tempo, consolidar as correspondências grafofônicas. Discutem sobre a importância de ajudar os jovens e adultos a entender quais são as unidades lingüísticas que compõem as palavras, colocando em debate o papel da reflexão sobre a unidade silábica como central. Defendem que o trabalho com a sílaba não minimiza a importância do trabalho com outras unidades, como o texto.

Telma Ferraz Leal e Artur Gomes de Morais, no capítulo 7, dão continuidade às reflexões sobre as estratégias didáticas para a aprendizagem da base alfabética, socializando atividades que ajudam a entender o funcionamento do sistema alfabético de escrita. Apresentam uma taxonomia de atividades que, apesar de não esgotar as possibilidades do trabalho do alfabetizador, representam tipos de proposições que se fundamentam nos princípios sociointeracionistas de aprendizagem. São tipos de atividades que foram coletados em projetos de pesquisa de análise de livros didáticos e de observação de aulas de professores alfabetizadores.

No último capítulo da obra, Eliana Borges Correia de Albuquerque e Telma Ferraz Leal, com o objetivo de evidenciar as possibilidades de realização de um planejamento integrador, em que os jovens e adultos possam se alfabetizar em uma perspectiva do letramento, socializam e analisam alguns relatos de professores. Mostram como diferentes eixos do ensino da língua portuguesa podem ser contemplados em uma mesma sequência didática e como muitas habilidades e conhecimentos são mobilizados nessas experiências. Os relatos são exemplos que podem ser tomados como ponto de partida para o planejamento de muitas outras situações didáticas. Além de apresentar e analisar relatos, as autoras apresentam sugestões de sequências didáticas centradas no trabalho com diferentes gêneros textuais, apontando evidências das muitas aprendizagens que podem advir de experiências planejadas com base nas sugestões apresentadas.

Para finalizar esta apresentação, gostaríamos de salientar que, mais do que sugerir uma proposta de alfabetização, buscamos, nesta obra, socializar o tanto que temos aprendido nas interações com jovens e adultos alfabetizandos e com professores comprometidos com a prática educativa.

Parte I
Discutindo alguns fundamentos da alfabetização de jovens e de adultos

Capítulo 1
A relação entre alfabetização e letramento na Educação de Jovens e Adultos: questões conceituais e seus reflexos nas práticas de ensino e nos livros didáticos

Eliana Borges Correia de Albuquerque
Artur Gomes de Morais
Andréa Tereza Brito Ferreira

"Conheço todas as letras, mas juntar é que é o difícil. Minha professora, quando eu era garoto, ensinava... A lição era assim: letra por letra. Eu chegava, ficava feliz quando terminava a lição, porque ia escapulindo. Agora não tem mais nesse panorama. Mas de primeiro era assim".
"Comprar um jornal com tanta letra sem saber ler, era um problema. Eu pelo menos pedia para a pessoa ler alto para eu ouvir."
"Eu tinha uma namorada em Caruaru, uma menina bem bonita. Aí ela mandava carta para mim. Aí eu mandava um colega ler. Aí ele lia e ele mesmo fazia para mim, eu pagava a ele. Ele tinha uma caligrafia bonita. Quando eu ia lá pra Caruaru – eu trabalhava na Rodoviária Caruaruense, nessa época eu era cobrador de ônibus – aí ela ficava elogiando minha caligrafia e eu não sabia de nada. Era ele que escrevia, né? Ler eu não lia, nem escrevia."
Depoimentos de Seu Aguinaldo,[1] 60 anos

---

[1] Seu Aguinaldo foi aluno de uma turma de um projeto de alfabetização de jovens e adultos, desenvolvido em Recife, no período de 2003/2004, no âmbito do Programa Brasil Alfabetizado.

Entender a relação entre alfabetização e letramento é fundamental para que possamos construir práticas construtivas e efetivas de ensino da leitura e da escrita em turmas da Educação de Jovens e Adultos. Nesse texto, buscaremos refletir sobre esses dois conceitos que, como propôs Soares (1998), consideramos distintos, mas indissociáveis.

Para começar a nossa discussão, tomaremos os depoimentos de Seu Aguinaldo, há pouco apresentados. Na primeira fala, ele afirma que conhece todas as letras do nosso alfabeto, mas não sabe juntá-las. O que isso tem a ver com alfabetização? Na segunda fala, ele nos relata que comprava o jornal e pedia para outras pessoas lerem alto, para ele ouvir, porque não sabia ler. Já no terceiro depoimento, ele discorre sobre como se comunicava com uma namorada por meio de cartas, sem saber ler e escrever. Novamente, observamos que a mediação de uma pessoa que lia e escrevia para ele foi necessária. Como essas duas falas nos ajudam a entender a relação entre letramento e alfabetização?

Todos estaremos de acordo quanto a um dado de realidade, ilustrado pelos dois últimos depoimentos. Eles nos mostram que pessoas analfabetas, como seu Aguinaldo, se envolvem em práticas de leitura e de escrita de diferentes textos, por meio da mediação de uma pessoa alfabetizada: elas escutam a leitura de notícias de jornais escritos ou televisivos, para se manterem atualizadas; solicitam que pessoas de seu convívio leiam as cartas que recebem ou escrevam cartas ditadas por elas; leem textos religiosos, por meio da leitura oral realizada por um membro da igreja que frequentam, etc. Se considerarmos que as práticas de leitura e de escrita estão se tornando cada vez mais complexas, é difícil encontrarmos, atualmente, pessoas que não possuam experiências com a linguagem escrita. Não existem, especialmente nos meios urbanos, pessoas que não participem, mesmo que indiretamente, de práticas envolvendo a língua escrita. Recordemos, por exemplo, que ao assistirmos a um telejornal, mesmo que não o saibamos, estamos presenciando a leitura que o locutor faz das notícias no "tele-prompting".

Por outro lado, a inserção em práticas que envolvem a leitura e a escrita de diferentes textos não possibilita, por si só, que crianças, jovens e adultos analfabetos desenvolvam uma autonomia para ler e escrever os diferentes textos que circulam na sociedade. Embora alguns sujeitos tenham se alfabetizado por meio da inserção nessas práticas (GALVÃO, 2001), essas experiências autodidatas são raras e não podem ser generalizadas. Como demonstra o primeiro depoimento de seu Aguinaldo, as experiências vivenciadas pelos sujeitos no mundo onde a escrita se faz cada vez mais presente possibilitam a construção de conhecimentos sobre a escrita alfabética, mas não garantem que compreendam o seu funcionamento. Ao falar que conhece todas as letras, mas não sabe juntá-las, ele quis dizer que não compreende o funcionamento da escrita alfabética, não entende como esse conjunto de letras pode possibilitar a escrita de infinitas palavras.

Enfim, os depoimentos revelam que pessoas analfabetas se inserem em práticas de leitura e escrita, possuem conhecimentos sobre a escrita alfabética, mas não têm autonomia para ler e escrever textos que circulam na sociedade.

Alfabetização e letramento: conceitos distintos, mas indissociáveis

A *alfabetização* consiste na ação de alfabetizar, de ensinar crianças, jovens ou adultos a ler e escrever. Vista pela ótica do aprendiz, ela consiste no processo de ser alfabetizado, de ser ensinado a ler e a escrever. Até hoje, é o desejo de aprender a ler e escrever palavras e textos que circulam em nossa sociedade que leva jovens e adultos analfabetos a irem/retornarem à escola, às salas de aulas de alfabetização.

Não há consenso, no entanto, sobre o que significa esse ensino/aprendizagem da leitura e da escrita. Ao longo da nossa história, diversas mudanças na concepção de alfabetização foram efetivadas, o que é bastante compreensível, dada a natureza cultural dos conhecimentos (sobre o funcionamento do alfabeto, sobre os textos em que é usado) e das práticas em que exercitamos tais conhecimentos.

No período de colonização brasileira, por exemplo, as práticas de alfabetização se relacionavam à catequização dos índios, ao ensino da leitura, visando à inserção dos primeiros habitantes de nossa terra nos rituais da igreja Católica. Como material didático, os Jesuítas utilizavam alguns materiais escritos, como as gramáticas da língua Tupi e os catecismos e doutrinas. A alfabetização consistia apenas no ensino da leitura, realizado, principalmente, através da oralização dos textos presentes nesses materiais e de sua memorização por parte dos alunos (GALVÃO; SOARES, 2004).

15

Como abordado por Corrêa (2005), na primeira metade do século XIX, formar leitores no Brasil implicava conviver ainda com um conjunto muito reduzido de materiais impressos para o ensino da leitura. Boa parte desse material era de natureza religiosa (Bíblia, Evangelho) ou legal (Constituição Política do Império, Código Criminal) tal como previa o art. 6° da Lei Imperial de 15 de outubro de 1827. Esse mesmo século assistiu ao processo de institucionalização da escola no Brasil e ao desenvolvimento de práticas de ensino da leitura e da escrita realizadas de forma simultânea, com base em métodos de alfabetização de base alfabética e silábica (GALVÃO; SOARES, 2004). Como afirma Corrêa, referindo-se ao século XIX:

> A partir da década de 50, algumas escolas primárias brasileiras já podiam contar com outros objetos para iniciarem os seus alunos no aprendizado da leitura e escrita. São os catecismos, cartas de abc ou cartilhas que, de modo geral, eram produzidas ou traduzidas por autores portugueses. As cartas de abc são constituídas por: cartas contendo o alfabeto; cartas de sílabas (compostas com segmentos de uma, duas ou três letras) e cartas de nomes (onde são apresentadas palavras cujas sílabas são separadas por hífen). As cartas de abc firmaram uma tradição na história da escola primária brasileira. Mesmo sendo um utensílio vinculado a um dos mais tradicionais métodos de alfabetização (método sintético), resistiu às inovações promovidas por partidários de outros métodos de alfabetização e continuou sendo editado até os anos 50 do século XX (p. 3).

O depoimento de Graciliano Ramos, extraído do livro *Infância*, é revelador da concepção de leitura que norteava o uso desse material. Rememorando sua experiência com as primeiras letras a partir de 1894, ele nos diz:

> Respirei, meti-me na soletração, guiado por Mocinha. Gaguejei sílabas um mês. No fim da carta elas se reuniam, formavam sentenças graves, arrevesadas, que me atordoavam. Eu não lia direito, mas, arfando penosamente, conseguia mastigar os conceitos sisudos: "A preguiça é a chave da pobreza – Quem não ouve conselhos raras vezes acerta – Fala pouco e bem: ter-te-ão por alguém.
>
> Esse Terteão para mim era um homem, e não pude saber que fazia ele na página final da carta.

– Mocinha, quem é Terteão?

Mocinha estranhou a pergunta. Não havia pensado que Terteão fosse homem. Talvez fosse. Mocinha confessou honestamente que não conhecia Terteão. E eu fiquei triste, remoendo a promessa de meu pai, aguardando novas decepções (GRACILIANO RAMOS, *Infância*).

Ensinar a ler, na perspectiva dos métodos sintéticos – alfabéticos, silábicos ou fônicos – era ensinar a "decodificar", ou seja, traduzir em sons as letras ou sílabas que formavam as palavras, frases e textos. Para isso, era necessário que, primeiro, o sujeito aprendesse todas as letras, sílabas ou fonemas que, uma vez memorizados, possibilitariam que lesse qualquer palavra. Graciliano Ramos, em seu depoimento, mostra que memorizou as correspondências ensinadas, ao ponto de saber decodificar as palavras escritas, mas não conseguia entender o significado do que era lido. Nem mesmo sua professora, Mocinha, conseguia compreender o que lia.

Durante muitas décadas do século XX, quando aqueles métodos ainda reinavam, o senso comum tratava como alfabetizado o indivíduo que soubesse assinar seu nome, em oposição ao analfabeto que, por não conseguir fazer tal assinatura, era proibido de votar nas eleições. Vemos, assim, que, durante esse período, muito pouco podia ser exigido de alguém, para que não sofresse publicamente o estigma de analfabeto (GALVÃO; DI PIERRO, 2007).

O ensino da leitura e da escrita baseado em métodos sintéticos ou analíticos predominou em nosso país até meados da década de 1980. Ainda naquela época, as experiências de alfabetização de crianças e adultos se apoiavam, principalmente, no uso de cartilhas de base silábica ou fônica, nas quais predominavam a leitura de textos artificiais e o trabalho com palavras-chave. Consideravam-se "alfabetizadas" aquelas pessoas que conseguissem ler (decodificar) e escrever (codificar), ao final do ano letivo da alfabetização, as palavras, frases e textos presentes em tais materiais.

Acreditava-se, nessa perspectiva, que uma vez que os alunos – crianças, jovens ou adultos – tivessem memorizado todas as correspondências grafofônicas, eles seriam capazes de ler e escrever quaisquer textos. Como abordamos em outro trabalho (MORAIS; ALBUQUERQUE, 2004), essa prática tradicional de alfabetização, na qual primeiro se aprende a "decifrar" a partir de uma sequência de passos/ etapas, para só depois se ler efetivamente, não garante a formação de leitores/escritores. Pesquisas têm apontado que mesmo em países desenvolvidos, que apresentam índice de analfabetismo zero, muitas pessoas com níveis elevados de escolarização não conseguem fazer uso da leitura e da escrita para finalidades corriqueiras, como preencher um requerimento ou formulário e compreender textos instrucionais, como regras de jogos. Em função dessa constatação, foi criada após a primeira Guerra Mundial a noção de "analfabetismo funcional" (cf. RIBEIRO, 2003), que só mais recentemente vem sendo divulgada pela mídia.

Em nossa sociedade brasileira, as práticas sociais de leitura e escrita foram tornando-se mais numerosas e complexas e passaram a exigir, no caso da aprendizagem da leitura e da escrita, mais que as habilidades denominadas muitas vezes "codificação" e "decodificação". Nesse contexto, no Brasil, a partir da década de 1990, o termo alfabetização foi ampliado e passou a englobar outro fenômeno: o letramento.

No Dicionário Houaiss (2001), *letramento* é definido como um *"conjunto de práticas que denotam a capacidade de uso de diferentes tipos de material escrito"*. Soares (1998) destaca que o termo *letramento* é a versão para o Português da palavra de língua inglesa *literacy*, que significa o estado ou condição que assume aquele que aprende a ler e escrever. É importante destacar que a palavra *literacy* engloba todo a complexo processo de alfabetização. Embora alguns pesquisadores (FERREIRO, 2003) defendam o uso de um único termo – alfabetização – para englobar os processos de aprendizagem e uso da leitura e da escrita, temos defendido, em concordância com Soares (1998), a manutenção das duas palavras – *letramento* e *alfabetização* – para designar processos distintos, mas indissociáveis.

Concebemos *alfabetização* como o processo de apropriação da escrita alfabética, ou seja, a compreensão, por parte dos sujeitos, dos princípios que regem esse sistema notacional. Já *letramento* se relaciona aos usos efetivos da escrita em atividades de leitura e escrita de textos, em contextos diversos. O primeiro estaria relacionado, portanto, à aprendizagem da notação alfabética, enquanto o segundo envolveria o uso e produção da linguagem que se usa ao escrever, isto é, dos gêneros textuais escritos que circulam nas interações sociais.

Com essa distinção, consideramos que os alunos que ingressam em turmas de alfabetização, sejam crianças, jovens ou adultos, possuem experiências de letramento e conhecimentos sobre diferentes gêneros com os quais convivem, cotidianamente. Essas experiências, no entanto, não garantem que desenvolvam uma autonomia para ler ou escrever textos diversos. Nessa perspectiva, embora apresentem conhecimentos letrados, essas pessoas não são alfabetizadas, uma vez que não dominam o Sistema de Escrita Alfabética (doravante, SEA) e não possuem autonomia para ler e escrever sem a mediação de outra pessoa. O caso de seu Aguinaldo, autor dos depoimentos que abriram esse capítulo, ilustra muito claramente a distinção conceitual que agora formalizamos.

Nas práticas de ensino da leitura e da escrita desenvolvidas em diferentes níveis de ensino – Educação Infantil, Ensino Fundamental e EJA – torna-se essencial, hoje, considerarmos esses dois fenômenos como processos que têm suas especificidades, mas que são indissociáveis. Como nos propõe Soares (1998) "*alfabetizar* e *letrar* são duas ações distintas, mas não inseparáveis, ao contrário: o ideal seria alfabetizar letrando, ou seja: ensinar a ler e escrever no contexto das práticas sociais da leitura e da escrita, de modo que o indivíduo se tornasse, ao mesmo tempo, *alfabetizado* e *letrado*" (SOARES 1998, p. 47).

Tornar-se alfabetizado – ter domínio da escrita alfabética – é um direito de todos e um conhecimento necessário para que alguém seja, de fato, cidadão letrado. No entanto, aquele conhecimento não dá conta do aprendizado dos diferentes gêneros textuais e de suas funções e usos em diferentes contextos sociais. Vivemos um momento de construção de práticas de alfabetização em uma perspectiva de letramento. O que os professores têm feito? O que sugerem os livros didáticos? São essas questões que buscaremos responder nas próximas seções.

A construção de práticas de alfabetização na perspectiva do letramento

Não há dúvidas de que, se temos o objetivo de ampliar as experiências de letramento de nossos alunos, sejam adultos, jovens ou crianças, precisamos escolarizar de forma adequada as práticas sociais de leitura e escrita com as quais convivemos no nosso dia a dia. Já no final do século XX, as propostas oficiais de diferentes

Secretarias de Educação têm apontado para a necessidade, na área de Língua Portuguesa, de um trabalho que envolva a leitura e produção de diferentes gêneros textuais (MARINHO, 1998).

Acompanhando o trabalho de professores de EJA, tanto em projetos de pesquisa como em atividades de formação continuada, temos observado como esses docentes estão construindo práticas pautadas na perspectiva do "alfabetizar letrando". A seguir, apresentaremos uma breve descrição da prática desenvolvida pela professora Marta[2] (nome fictício), que lecionava em uma turma do Módulo 1 (alfabetização) da EJA, na rede municipal de educação da cidade do Recife.

> Em seis das oito aulas observadas na turma da professora Marta, houve leitura de textos feita por ela. Assim, por exemplo, na 1ª aula ela releu o poema "Meus oito anos" de Casimiro de Abreu; na 3ª leu um poema de Manuel Bandeira ("Trova"); na 5ª aula houve a leitura do texto "A história de Dulce" (retirado de um material que ela elaborou com alunos do Módulo 2 sobre histórias de vida); e na 6ª aula também foi feita a leitura de um texto biográfico intitulado "Folha Amassada" (extraído da revista "Pensamento", Nov-Dez 2007) . Em cada situação, algumas perguntas orais eram realizadas, após a leitura do dia.
>
> Os textos lidos pela professora eram, na sua maioria, autobiográficos, uma vez que ela estava trabalhando a temática infância e juventude, na perspectiva de resgatar as histórias de vida dos alunos. Assim, além da leitura dos textos, a docente enfatizou a escrita e leitura de frases sobre a vida deles. Alguns alunos conseguiam produzir oralmente as frases, e a estagiária as copiava no quadro ou em uma cartolina. Vejamos alguns exemplos extraídos da 1ª aula:
>
> "Eu brincava de boneca";
>
> "Eu jogava bola com meus amigos";
>
> "Eu gostava de ir para a feira com minha mãe";
>
> "Eu fazia boneca de papel";
>
> "Minha boneca era de pano".

---

[2] A professora Marta participou da pesquisa "As práticas de alfabetização de professores de EJA e seus reflexos nas aprendizagens dos alunos", desenvolvida pelas professoras Eliana Albuquerque (UFPE) e Andréa Tereza Brito Ferreira (UFRPE) e por alunos de iniciação científica (Josemar Guedes – UFPE; Joselene Nascimento da Conceição e Rita Cássia de Lima Costa – UFRPE), com financiamento do CNPq.

A partir da escrita das frases produzidas oralmente pelos alunos, a professora realizava uma atividade de leitura e exploração das palavras.

Observamos que a professora Marta tinha uma preocupação em proporcionar aos alunos a leitura de textos diversificados (poemas, relatos), tanto de autores representativos da nossa literatura (Manuel Bandeira, Casimiro de Abreu), como de alunos que, no ano anterior, já tinham passado pela experiência que eles iriam vivenciar: a escrita de relatos autobiográficos. A maior parte do tempo diário de aula envolvia as atividades de leitura, discussão do texto lido e produção de frases relacionadas ao texto. No geral, a professora solicitava que os alunos escrevessem frases sobre a temática do texto lido, mas essas terminavam sendo apenas oralizadas pela maioria dos alunos, que não conseguiam escrevê-las, mesmo com o auxílio da professora ou de uma estagiária. O alfabeto móvel, utilizado por eles uma só vez, de igual modo não ajudou, até porque, segundo a mestra, eles não gostavam nem um pouco de manipulá-lo. A partir daí, a docente ou a estagiária escrevia as frases no quadro, que deviam ser copiadas pelos alunos.

Em relação ao trabalho específico com o eixo da apropriação da escrita alfabética (alfabetização), geralmente a professora tomava algumas palavras presentes nas frases para realizar atividades de separação silábica, de ortografia (uso do "h", do "s") ou de leitura de famílias silábicas de uma das sílabas das palavras escolhidas. Alguns conteúdos gramaticais também foram abordados, como na 3ª aula, em que a professora, curiosamente, ensinou o conceito de verbo para aqueles principiantes.

Alguns alunos da professora Marta, ao serem perguntados, no final do ano letivo, sobre o que tinham aprendido na escola, deram os seguintes depoimentos:

> Eu acho que não cresci quase nada. Continua a mesma coisa. As leituras têm sido um "o" para mim. O que mais quero é juntar as palavras, mas não junto (Maria, 68 anos).
>
> Hoje sei um pouco escrever meu nome. Hoje faço conta. Além do nome, mais nada. Não sei escrever e ler (Marinalva, 49 anos).
>
> Não sei de nada. Quando cheguei aqui, já sabia meu nome e as letras. Nada mais aprendi aqui. Queria aprender, mas não aprendi nada (Jaci, 73 anos).

Como mencionamos anteriormente, os alunos da EJA apresentam experiências com textos diversos, cabendo à escola promover uma ampliação dessas experiências. Tal como defende Kleiman (2000), julgamos, inclusive, que a escola precisa não restringir-se a um repertório de textos que tenham usos estritamente funcionais para os alfabetizandos jovens e adultos. Sabemos, porém, que, quando eles ingressam em turmas de alfabetização, o que querem é aprender (a ler e escrever), para poderem ler e escrever textos específicos, sem a dependência de outras pessoas. Os alunos da professora Marta, ao responderem sobre os motivos que os fizeram voltar a estudar, deram depoimentos que revelam esse desejo:

> Eu quero ler a Bíblia, que eu não sei. Eu sou evangélica [...] (Jaqueline, 35 anos).
>
> Pela dificuldade que a gente sente de tudo estar perguntando (Maria, 68 anos).
>
> Eu vim para aprender a ler e escrever. Eu queria ser costureira. Acho que para costurar precisa saber ler e escrever (Marinalva, 49 anos).

A professora Marta buscava realizar um trabalho que envolvia a leitura de textos interessantes, que possibilitariam uma ampliação das experiências de letramento dos alunos. Havia um cuidado com a escolha dos textos que, durante o período de observação de suas aulas, estiveram relacionados aos temas que a docente tinha definido para trabalhar: relatos autobiográficos, experiências de vida na infância e juventude. Mas, no que se refere ao ensino no eixo didático da alfabetização, a professora não trabalhava, de forma sistemática, com atividades que levassem os alunos a refletir sobre as características do SEA, ao ponto de compreenderem seu funcionamento e poderem desenvolver uma autonomia para ler. Ao final do ano letivo, a maioria dos alunos permanecia nos níveis iniciais de compreensão da escrita alfabética.

Como comentamos em outro artigo (MORAIS; ALBUQUERQUE, 2004), com a difusão do conceito de letramento e da perspectiva de que é preciso expor o aprendiz ao mundo dos textos, alguns educadores (e pesquisadores!) passaram, infelizmente, a achar que os alunos se alfabetizariam "espontaneamente", sem uma ajuda sistemática para apropriar-se do sistema alfabético. Este "alfabetizar-se sem ser ensinado" pode ocorrer com alguns poucos indivíduos, mas não caracteriza a trajetória da maioria dos alunos, independentemente do grupo sociocultural em que nasceram.

Albuquerque e Ferreira (2008), em um artigo sobre a construção/fabricação de práticas de alfabetização em turmas de educação de jovens e adultos, apresentaram práticas distintas realizadas por professoras que lecionavam no Programa Brasil Alfabetizado, desenvolvido pela Prefeitura da cidade do Recife em parceria com o Centro de Estudos em Educação e Linguagem/CEEL/UFPE. Uma das docentes cujas práticas foram observadas – a professora Maria – desenvolvia um trabalho parecido com o da professora Marta, cuja prática analisamos há pouco. Já a professora Marlene, diferentemente, seguia uma rotina sugerida na proposta pedagógica do programa desenvolvido pela referida Secretaria de Educação, que envolvia, diariamente, leitura de textos (leitura para deleite) e atividades de apropriação do SEA e, de forma menos frequente, atividades de produção de textos. Eis uma breve descrição do que ela costumava fazer com seus alunos:

> A professora sempre iniciava a aula com o que ela chamava de "hora da novidade". Nesse momento, os alunos contavam alguma coisa que lhes tinha acontecido. Depois dessa atividade inicial, a docente fazia a leitura para deleite, que envolvia diferentes gêneros como crônicas, parábolas e poemas. Durante a leitura desses textos, a mestra utilizava importantes estratégias de leitura para manter a atenção do grupo. Os alunos participavam atentamente da leitura, sendo estimulados a criar hipóteses, para posteriormente confirmá-las ou não. A docente sempre ressaltava o título do texto e seu autor.
>
> Após o momento de leitura para deleite, ela dava início a um conjunto de atividades que levavam os alunos a refletir sobre os princípios do sistema de escrita alfabética. Essas atividades envolviam a exploração de palavras do texto lido, e eram realizadas tanto oralmente como por meio de exercícios mimeografados ou escritos no caderno. Assim, em todas as observações, a professora contemplou atividades de leitura de palavras, seguida da partição oral das palavras em sílabas, e de outras atividades como: identificação de letras presentes em diferentes palavras, comparação de palavras quanto à presença de letras ou sílabas iguais, contagem de sílabas e letras das palavras, além da escrita de palavras.

> Ainda para trabalhar com as características do SEA, a professora realizava muitas atividades de jogos. A partir das observações feitas e do depoimento dos alunos, eles eram sempre bem-vindos. A participação da turma nesses momentos era intensa. Esses jogos eram realizados tanto coletivamente, como no caso do jogo da forca, como em pequenos grupos. A professora falou, em conversa informal, que planeja sua aula tentando contemplar aquilo que os alunos mais gostam de realizar, como os jogos (p. 433).

Verificamos, portanto, que a professora Marlene buscava desenvolver uma prática de ensino na perspectiva do alfabetizar letrando. Já as professoras Marta e Maria, que enfocamos antes, priorizavam as atividades voltadas para a escuta de leituras e para a expressão oral, uma vez que, em todos os dias observados, a maior parte do tempo da aula era dedicada à discussão de alguma temática. No caso da professora Marlene, a leitura e a escrita de palavras também se fizeram presentes em todos os dias, assim como a exploração dos significados das palavras lidas.

No final do ano letivo, muitos alunos da professora Maria tinham desistido de frequentar as aulas, e os que permaneceram pouco avançaram em suas hipóteses de escrita. Uma das alunas desistentes explicou, em uma entrevista, as razões para ter ido procurar outra turma de alfabetização de adultos:

> Porque eu não tava me sentindo bem, que ela não ensina direito. Nós perguntava as letra a ela, ela dizia que era pra botar os nome das pessoa pra gente fazer, não ensinava. E eu dizia: Dona Marta tem que ensinar o alfabeto. Ela dizia... não, mas... isso não existe mais não, acabou-se. Então, eu dizia que nós era analfabeta, e ela dizia que nós era iletrado. E a gente não sabia nem do "A"... Porque eu não sabia nem do "A". Aí, eu fui criando raiva, desgostando. Aí abusei e saí.

O depoimento dessa aluna revela o que já falamos anteriormente: que os alunos da EJA, quando ingressam em uma turma de alfabetização, desejam efetivamente aprender a ler e escrever para lerem e escreverem, de forma autônoma, textos com os quais convivem. Para isso, diante dos conhecimentos que possuem, eles querem perceber que, ao longo do ano, estão conseguindo compreender o que significa aquele conjunto de letras e como essas letras, juntas, podem formar palavras. Aprender a ler e escrever de forma autônoma é um direito que precisa ser assegurado a todos. Precisamos construir práticas de alfabetização que contemplem tanto a leitura e produção de textos, como atividades que permitam a aprendizagem do sistema de escrita alfabética.

Alfabetização e letramento nos livros didáticos de alfabetização de adultos

Sabemos que o advento do PNLD (Programa Nacional do Livro Didático) e a realização de avaliações periódicas dos livros destinados ao ensino fundamental e médio têm produzido mudanças substanciais na qualidade daqueles recursos didáticos (RANGEL, 2001). Diferentemente do que tínhamos há 15 anos, vemos, hoje, um maior cuidado de autores e editoras em fazer melhores propostas didáticas, de modo a ter seus livros aprovados pelo PNLD e adquiridos para serem adotados em nossas redes públicas de ensino.

No caso dos livros destinados à alfabetização de crianças, diferentes pesquisas têm demonstrado certa dificuldade em proporem um inovador e sistemático ensino da escrita alfabética (MORAIS; ALBUQUERQUE, 2005) e também atestam as queixas dos professores que julgam que aqueles livros não servem para alfabetizar (SANTOS; MORAIS, 2003).

No primeiro aspecto, apesar de ter-se observado algum avanço de alguns livros do PNLD 2007 em relação às suas versões aprovadas três anos antes (FERREIRA; ALBUQUERQUE; CABRAL; TAVARES, 2009), os estudiosos concluíram que aqueles manuais tinham já um bom repertório textual e propunham variadas atividades de leitura e também algumas de produção textual, mas pouco sistematizavam o ensino da escrita alfabética. Isto é, os novos "livros didáticos de alfabetização" não apresentariam mais famílias silábicas ou fonemas isolados, como as antigas cartilhas, mas propunham muito poucas atividades de reflexão sobre palavras, de consolidação das correspondências som-grafia. Os avanços observados no polo do letramento não se faziam acompanhar de um trabalho sistemático que se faz necessário para o ensino de "alfabetização", que leva ao domínio da notação alfabética.

No caso dos livros destinados à alfabetização de jovens e adultos, só a partir de 2007 o Ministério de Educação brasileiro assumiu um processo de avaliação deles. Os resultados do PNLA foram divulgados em 2008 e, felizmente, tudo indica que esse Programa continuará como uma ação contínua, realizada a cada três anos.

Numa pesquisa ainda em andamento, estamos analisando oito livros didáticos (doravante, LDs) aprovados pelo PNLA.[3] Os resultados já obtidos nos permitem verificar que aqueles LDs possuem, geralmente, uma grande quantidade de textos. O repertório textual destinado em 2008 aos alfabetizandos da EJA incluía gêneros de diferentes esferas (publicitária, jornalística, científica, literária). Gêneros como biografia, música, nota informativa e poema, estiveram bem presentes em todos os volumes examinados, tendo aparecido com maior incidência as "notas informativas", que visavam a ensinar alguma temática ou assunto específico e que muitas vezes eram escritas pelos autores dos livros didáticos. Observou-se, portanto, que esta variedade de textos não estava necessariamente relacionada à qualidade na seleção dos mesmos, uma vez que muitos encontravam-se fragmentados e que mais da metade dos textos apresentados aos alunos vinham sem qualquer indicação de autoria ou referência.

Os resultados obtidos demonstram que as atividades de leitura (de textos e de palavras), escrita (de textos e de palavras, principalmente) e cópia (em especial de palavras) constituíam-se nos principais comandos que os alunos eram convidados a realizar. Se pensarmos no ensino da escrita alfabética, vemos que os LDs em geral careciam de atividades que promovessem a compreensão das propriedades daquele sistema notacional. Alguns livros não demonstravam assumir a tarefa de alfabetizar os jovens e adultos, sugerindo que apostariam num aprendizado espontâneo (feito apenas "através de textos") ou conceberiam que os alunos já deveriam poder usar autonomamente o sistema alfabético.

Em quase todos os exemplares analisados, os autores tendiam a não usar sílabas como unidades nos exercícios, talvez a fim de diferenciar-se das antigas cartilhas que privilegiavam os métodos silábicos, numa direção semelhante ao que Morais e Albuquerque (2005) verificaram ocorrer com os LDs destinados a crianças.

Apesar de trazerem diversas músicas e poemas, as atividades de reflexão fonológica – como a comparação de sílabas e de palavras, a

---

[3] Pesquisa *Alfabetização de jovens e adultos: análise das proposições metodológicas dos livros didáticos recomendados pelo PNLA 2007*, desenvolvida por Artur Gomes de Morais e pelas bolsistas de iniciação científica Adriétt Marinho e Jane Rafaela Pereira, com o auxílio do CNPq.

partição oral e escrita de palavras e frases ou a identificação de rimas e aliterações (com ou sem correspondência escrita) – foram muito pouco exploradas em todos os livros.

As atividades de apropriação do Sistema de Escrita Alfabética, presentes na maioria dos volumes analisados, estavam concentradas, basicamente, na leitura, na escrita e na cópia de palavras. Como veremos em outros capítulos dessa obra, acreditamos que essas atividades são insuficientes para a aquisição do Sistema de Escrita Alfabética, porque não ajudam o aprendiz a refletir sobre como a escrita nota as partes orais das palavras que pronunciamos. Vimos, por outro lado, que na maioria dos LDs foram pouco frequentes situações em que o aluno era estimulado a explorar as relações som/grafia do português. Por se tratar de LDs de alfabetização, avaliamos que isso deveria, obviamente, ter sido trabalhado de maneira bem mais sistemática.

Voltando ao polo do letramento, embora contivessem diversos textos a serem lidos, a *produção de textos*, coletivos ou não, não era muito valorizada em mais da metade dos LDs analisados. A ajuda do professor nessa produção, nem sempre era assegurada, tornando o processo de composição de textos mais difícil.

Constatamos, portanto, que as atividades relativas ao ensino do sistema de escrita alfabética na EJA pareciam estar sendo secundarizadas, apesar de os LDs analisados apresentarem, sim, tentativas de mudança, através de textos e atividades diversificados, que privilegiavam sobretudo o letramento dos alunos.

O exame dos LDs nos sugere ainda a necessidade de autores e editoras investirem mais na elaboração dos enunciados das atividades, pois muitos se encontravam descontextualizados e confusos para os leitores. Ao mesmo tempo, constatou-se a adequação de investirem na revisão dos erros de digitação, concordância e ortografia presentes nos LDs do primeiro ano da EJA, a fim de corrigi-los, antes que cheguem às mãos dos professores e alunos que os utilizam como principal material de leitura.

Alfabetizar, letrar, alfabetizar letrando... alguns comentários para concluirmos essa discussão inicial

A breve discussão realizada nesse capítulo demonstra a natureza histórica de nossas concepções sobre o que é um indivíduo alfabetizado, sobre as expectativas que a sociedade tem a respeito do que ele deve ser capaz de fazer com a leitura e com a escrita e, finalmente, sobre como a escola deve ensinar naquela etapa da escolarização.

Vivemos um momento de mudança de paradigmas no ensino de língua portuguesa e no ensino de alfabetização, em particular. Ao mesmo tempo, vivemos uma grande ruptura com a velha noção de alfabetizado como alguém que consegue "codificar e decodificar palavras ou frases simples".

No caso brasileiro, também na EJA, as questões conceituais que envolvem letramento e alfabetização parecem ter redundado em dúvidas sobre como praticar o ensino de alfabetização, tal como alguns autores já observaram no atendimento às crianças do ensino fundamental (MORAIS; ALBUQUERQUE, 2005; ALBUQUERQUE; FERREIRA; MORAIS, 2008).

Assumindo a necessidade de distinguir conceitualmente a apropriação da escrita alfabética do aprendizado da linguagem que se usa ao escrever, defenderemos, ao longo desta obra, a necessidade de encontrarmos uma didática que, na EJA, alfabetize letrando. As evidências de pesquisa aqui revisadas nos apontam dois cuidados fundamentais.

Em primeiro lugar, precisamos estar alertas para a "desinvenção da alfabetização" (SOARES, 2003), decorrente da hegemonia de certos discursos que privilegiam o polo do letramento e que esquecem da inarredável tarefa da escola na etapa de alfabetização: assegurar que os aprendizes possam usar com autonomia a notação escrita, empregando o sistema alfabético com um mínimo de desenvoltura no manejo das relações som-grafia.

Por outro lado, devemos perseguir cada vez mais um ensino que garanta uma imersão com qualidade no mundo das práticas letradas. Não basta ler e produzir textos variados, nas salas de EJA. É importante que, ao fazê-lo, ampliemos o rol de estratégias de leitura e conhecimentos letrados de nossos alunos, seu domínio das propriedades dos gêneros textuais com que se familiarizam, no dia a dia da sala de aula, de modo a poder também produzi-los por escrito.

Julgamos absolutamente inadequado querer tratar alfabetização e letramento como sinônimos, unificando os significados que encerram sob o rótulo *alfabetização*. Do ponto de vista didático-político, precisamos não confundir o que idealizamos com o que é a realidade escolar. O fato de desejarmos que a prática de alfabetização garanta a ampliação do letramento dos aprendizes não deve nos cegar, ao ponto de deixarmos de ver que, sim, aqui e em muitos lugares do planeta, existe ensino de alfabetização "sem letramento", ou seja, sem privilegiar a "imersão na cultura escrita". Do ponto de vista conceitual, como já exposto, temos clareza de que uma coisa é apropriar-se da notação escrita e outra – que deve aprimorar-se simultaneamente a tal apropriação – é a internalização das propriedades e usos dos gêneros textuais escritos.

Alfabetizar letrando é uma empreitada que se faz urgente. Sua premência se torna ainda mais evidente quando lembramos o depoimento de D. Jaci que, do alto de seus 73 anos, avaliou ao final de seu curso de alfabetização: *Não sei de nada. Quando cheguei aqui, já sabia meu nome e as letras. Nada mais aprendi aqui. Queria aprender, mas não aprendi nada.*

Referências

ALBUQUERQUE, Eliana Borges Correia de; FERREIRA, Andréa Tereza Brito. A construção/fabricação de práticas de alfabetização em turmas de Educação de Jovens e Adultos (EJA). *Educação* (UFSM), v. 33, p. 425-439, 2008.

ALBUQUERQUE, Eliana Borges Correia; MORAIS, Artur Gomes; FERREIRA, Andréa Tereza Brito. As práticas cotidianas de alfabetização: o que fazem as professoras? *Revista Brasileira de Educação*. v.13, p. 252 - 264, 2008.

CORRÊA, Carlos Humberto Alves. Manuais, paleógrafos e livros de leitura: com quais materiais se formavam os leitores nas escolas primárias de antigamente? Texto apresentado no Seminário "Constituição do leitor: memórias" promovido pelo Grupo de Pesquisa *Alfabetização, leitura e escrita (ALLE)* e que foi realizado no dia 14 de setembro de 2005 na Faculdade de Educação da Unicamp.

FERREIRA, Andréa Tereza Brito; ALBUQUERQUE, Eliana Borges Correia de; TAVARES, Ana Cláudia Ribeiro; CABRAL, Ana Catarina. Livros de Alfabetização: como as mudanças aparecem? In: COSTA VAL, Maria da Graça; RIBEIRO, Ceris (Org.). *Alfabetização e letramento: a contribuição dos livros didáticos*. Belo Horizonte: Autêntica, 2009, v. , p. 38-51.

FERREIRO, E. 2003 Alfabetização e cultura escrita. *Revista Nova Escola*, maio de 2003.

GALVÃO, Ana Maria Oliveira. *Cordel: leitores e ouvintes*. Belo Horizonte: Autêntica, 2001. v. 1. 239 p.

GALVÃO, Ana Maria; SOARES, Leôncio José Gomes. História da alfabetização de adultos no Brasil. In: ALBUQUERQUE, Eliana Borges; LEAL,

Telma Ferraz (Org.). *A alfabetização de jovens e adultos em uma perspectiva de letramento*. Belo Horizonte: Autêntica, 2004, p. 27- 58.

GALVÃO, Ana Maria de Oliveira, DI PIERRO, Maria Clara. *Preconceito contra analfabeto*. São Paulo: Cortez, 2007.

HOUAISS, A. *Dicionário Houaiss da Língua Portuguesa*. Rio de Janeiro: Objetiva, 2001.

KLEIMAN, Angela B. O processo de aculturação pela escrita: ensino da forma ou aprendizagem da função? In: KLEIMAN, Angela B.; SIGNORINI, Inês (Org.). *O ensino e a formação do professor. Alfabetização de jovens e adultos*. 1. ed. Porto Alegre: Artmed, 2000, v. 1, p. 223-243.

MARINHO, Marildes. A Língua Portuguesa nos currículos de final de século. In BARRETO, Elba S. S. (org.). *Os currículos do ensino fundamental para as escolas brasileiras*. Campinas: Editora Autores Associados, Fundação Carlos Chagas, 1998.

MORAIS, Artur Gomes; ALBUQUERQUE, Eliana Borges Correia. Alfabetização e letramento: o que são? como se relacionam? como alfabetizar letrando? In: Telma Ferraz Leal; Eliana Albuquerque (Org.). *Alfabetização de jovens e adultos em uma perspectiva de letramento*. Belo Horizonte: Autêntica, 2004.

MORAIS, Artur Gomes; ALBUQUERQUE, Eliana Borges Correia. Novos livros de alfabetização: dificuldades em inovar o ensino do sistema de escrita alfabética. In: Maria das Graças Costa Val; Beth Marcuschi (Org.). *Livros didáticos de Língua Portuguesa*: letramento e cidadania. 1. ed. Belo Horizonte: Autêntica, 2005, p. 205-236.

RANGEL, Egon de Oliveira. Livro didático de língua portuguesa: o retorno do recalcado. In: Angela Paiva Dionísio; Maria Auxiliadora Bezerra (Org.). *O livro didático de português*: múltiplos olhares. Rio de Janeiro: Lucerna, 2001

RIBEIRO, V.M. (Org.). *Letramento no Brasil*. São Paulo: Global, 2003.

SANTOS, Adriana Araújo; MORAIS, Artur Gomes. O ensino do sistema de escrita alfabética: como os professores estão se apropriando das propostas contidas nos novos livros de alfabetização. *Anais do XVI EPENN-* Encontro de Pesquisa Educacional do Norte e Nordeste, Aracaju: Editora UFS, 2003. p. 01-06.

SOARES, M. *Letramento e alfabetização:* as muitas facetas. In: 26ª Reunião Nacional da ANPEd, 2003, Caxambu. Anais da 28ª Reunião Nacional da ANPEd, Caxambu: 2003, p. 1-18.

SOARES, Magda. *Letramento: um tema em três gêneros*. Belo horizonte: Autêntica, 1998.

SOARES, M. *Letramento e alfabetização: as muitas facetas*. In: 26ª Reunião Nacional da ANPEd, 2003, Caxambu. Anais da 28ª Reunião Nacional da ANPEd, Caxambu: 2003, p. 1-18.

Capítulo 2

O aprendizado do sistema de escrita alfabética: uma tarefa complexa, cujo funcionamento precisamos compreender

Telma Ferraz Leal
Artur Gomes de Morais

O ensino da língua portuguesa, como o de qualquer outro componente curricular, pode ser conduzido com base em diferentes concepções sobre os modos como aprendemos e sobre como ensinamos. A forma como organizamos nossa rotina, os tipos de materiais que selecionamos ou produzimos para usar em sala de aula e as atividades que propomos aos alunos são reflexos de nossas representações sobre a educação e o educando. Neste capítulo, discutiremos sobre o ensino da escrita alfabética com base em uma concepção construtivista de ensino e de aprendizagem, fundamentados também em uma concepção sociointeracionista de linguagem.

Nessas concepções, pressupomos que os aprendizes são ativos e buscam compreender os conceitos e os fenômenos com os quais se deparam. Como o objeto de conhecimento em pauta é uma invenção cultural – o sistema de escrita alfabética –, concebemos que sua apropriação não é uma mera questão de desenvolvimento e que o professor é um mediador capaz de propor situações didáticas que favoreçam as buscas do aprendiz, em seu processo de alfabetização. Mais do que oferecer respostas, nesta concepção, os professores oferecem boas perguntas e disponibilizam meios para que os estudantes cheguem às possíveis respostas. Isto é, o professor e os aprendizes são ativos e interagem para que a aprendizagem ocorra. Desse modo, aprender implica resolver problemas que ajudam a organizar os saberes.

Os professores, desse modo, precisam planejar situações didáticas diversificadas; adequadas ao objeto de conhecimento, ou seja, intervenções que promovam reflexões pertinentes sobre tal objeto; apropriadas aos níveis de conhecimento dos estudantes e à faixa etária do grupo-classe, que, neste caso, são jovens e adultos.

Assim, como discutimos em outro artigo sobre este tema, julgamos que:

> é imprescindível, no processo pedagógico, que nós, professores, planejemos nossa ação considerando os princípios teórico-metodológicos que desejamos adotar, os conhecimentos já construídos pelos alunos dentro e fora da escola sobre o objeto de ensino e a natureza do conhecimento a ser enfocado (LEAL, 2004, p. 77).

Para conduzirmos o ensino da notação alfabética, nessa perspectiva, precisamos, portanto, refletir sobre como se organiza o sistema de escrita alfabética (SEA) e sobre os modos de apropriação desse conhecimento pelos alunos. Numa perspectiva construtivista, esses dois elementos são essenciais para escolhermos melhores estratégias de intervenção pedagógica. Assim, organizamos a primeira parte deste texto em tópicos que discutem a apropriação dos conhecimentos sobre o sistema alfabético de escrita pelos aprendizes, as propriedades desse sistema e a trajetória evolutiva que sua apropriação implica. Num segundo momento, discutiremos o papel do conhecimento do nome das letras no processo evolutivo de compreensão de nosso sistema de escrita e focalizaremos alguns cuidados quando avaliamos os níveis ou hipóteses de escrita de nossos alunos. Num capítulo futuro, discutiremos, especificamente, nossas propostas didáticas para o ensino do sistema de escrita alfabética.

A apropriação dos conhecimentos sobre o sistema alfabético de escrita pelos aprendizes

Num texto prévio, ao abordarmos a temática aqui tratada (MORAIS, 2005), alertamos para a necessidade de considerarmos que, se a escrita é um sistema notacional, a aprendizagem desse objeto de conhecimento é muito mais que a simples aquisição de um código, pois envolve aprendizagens conceituais. Dizíamos então:

> Para aprender o SEA (sistema de escrita alfabética) o sujeito tem que reelaborar, em sua mente, uma série de decisões que a humanidade tomou, ao criar este tipo de notação. Estas decisões envolvem conhecimentos que nós, adultos já "super-alfabetizados", dominamos de forma não-consciente, o que nos leva a julgar que são noções ou informações "já dadas", das quais qualquer principiante já disporia, bastando memorizar os nomes e traçados das letras junto aos sons a que elas se referem. Isto é, concebemos, erroneamente, que a tarefa do aprendiz consistiria em "dominar um código" e subestimamos a fascinante empreitada cognitiva que ele terá que assumir.

Dessa forma, precisamos ter sensibilidade para o fato de que, no processo de apropriação dos conhecimentos sobre o sistema alfabético, os aprendizes concentram esforços para *desvendar a lógica* daquele sistema. Em qualquer etapa do processo, as respostas que o estudante formula para duas grandes questões conceituais determinam o nível de compreensão que ele conseguiu formular sobre como o SEA funciona (Ferreiro, 1985). Essas duas questões são:

- O que a escrita representa (ou nota)?
- Como a escrita cria representações (ou notações)?

As pesquisas de orientação construtivista demonstram cabalmente que todos os aprendizes, sejam jovens, adultos ou crianças, precisam descobrir as respostas para aquelas duas perguntas que levam ao desvelamento do enigma do alfabeto.

Quanto à questão "o que a escrita representa/nota", sabemos que, de início, os aprendizes ainda não sabem que a escrita registra a pauta sonora ou sequência de pedaços sonoros das palavras (Ferreiro, 1985). Alguns pensam, em determinada época, que a escrita registraria características físicas e funcionais dos objetos do mundo, configurando o que alguns estudiosos chamaram de "realismo nominal" (Carraher; Rego, 1982). No grande e variado período que a teoria da psicogênese chama de "pré-silábico", as respostas para a segunda questão ("como a escrita nota") envolvem apenas descobertas como as de que escrevemos com letras, que as palavras variam quanto ao número e ao repertório

33

de letras e às posições que essas assumem. Encontramos aí também construções originais como a hipótese de quantidade mínima, segundo a qual, para algo poder ser lido, teria que ter pelo menos duas ou três letras (FERREIRO; TEBEROSKY, 1986).

Quando começam a descobrir que o que a escrita representa ou nota é a sequência de partes sonoras que pronunciamos ao dizer as palavras, o indivíduo ainda tem que encontrar soluções adequadas para a segunda pergunta: como ela faz isso? Sabemos que de início a tendência é pensar nas sílabas orais, já que elas são unidades facilmente isoláveis na linguagem oral. Um longo e laborioso caminho precisará ser percorrido, para que o sujeito compreenda que são os sons do interior das sílabas o que as letras representam ou substituem no papel.

Ocorre, portanto, uma grande mudança qualitativa, quando o sujeito aprendiz percebe que há relações entre o registro gráfico e a pauta sonora. Em trabalho anterior (LEAL, 2004, p. 81), enfatizamos que, mesmo para adultos, tal informação não é transparente. Um dos extratos que mostramos aos leitores foi extraído do depoimento da professora Maria Corina da Conceição, que atuava em uma turma de alfabetização de jovens e adultos:

> Fomos ao cinema assistir "Lisbella e o Prisioneiro". No dia seguinte, a aula foi sobre o filme. Então, perguntei:
> – Qual a cena que mais lhe chamou a atenção?
> Bosco respondeu:
> – Foi a cena do boi, professora, aquela quando "Mané Gostoso" pega o boi pelo chifre e derruba no chão. Pedi para que eles escrevessem palavras mais significativas que apareceram no filme. Bosco disse:
> – Quero escrever a palavra boi. Como se escreve?
> Eu respondi:
> – BO-I.
> – Como é BO? Disse Bosco.
> Eu lhe respondi:
> – BO de Bosco e I.
> Ele escreveu. Ao terminar, levantou a cabeça, me olhou e perguntou:
> – Já terminou?

Ele voltou a olhar a palavra e olhou novamente em minha direção, dizendo:

– Não, professora! Boi se escreve só com essas três letrinhas?

Afirmei que sim, Boi se escreve só com três letras.

Ele diz:

– Professora! Estou "bestinha". Boi só com três letras? Um bicho daquele tamanho! Ó professora, não vou me esquecer nunca mais de escrever essa palavra!

Como podemos ver nesse extrato, Bosco acreditava que o tamanho do objeto representado deveria ser considerado na decisão acerca do número de letras a usar. Tal hipótese, que precisava ser superada, não permitia que ele tivesse uma adequada compreensão acerca do funcionamento das relações entre sequência gráfica e pauta sonora, pois ele não focava sua atenção exclusivamente nesta relação, e tentava encontrar outros tipos de possibilidades de registro do que queria representar.

Os princípios do sistema alfabético de escrita

Se concebemos que o ensino de qualquer objeto de conhecimento requer que o docente tenha clareza sobre o que precisa ensinar, na alfabetização é fundamental que o professor reflita sobre como se organiza o sistema alfabético de escrita.

Com fins didáticos, sistematizamos e elencamos abaixo alguns princípios desse sistema, que precisam ser progressivamente dominados de modo consciente e explícito pelos professores, para que eles promovam um trabalho que ajude os estudantes a construir e integrar as informações necessárias para a escrita autônoma.

Para compreender as propriedades do sistema alfabético, o indivíduo precisa reconstruir uma série de conhecimentos como:

a) Se escreve com letras, que não podem ser inventadas, que têm um repertório finito e que são diferentes de números e outros símbolos;

b) As letras têm formatos fixos e pequenas variações produzem mudanças na identidade das mesmas (p, q, b, d), embora uma letra assuma formatos variados (P, p, P, p);

c) A ordem das letras é definidora da palavra que, juntas, configuram e uma letra pode se repetir no interior de uma palavra e em diferentes palavras;

d) Nem todas as letras podem vir juntas de outras e nem todas podem ocupar certas posições no interior das palavras;

e) As letras notam a pauta sonora e não as características físicas ou funcionais dos referentes que substituem;

f) Todas as sílabas do português contêm uma vogal;

g) As sílabas podem variar quanto às combinações entre consoantes, vogais e semivogais (CV, CCV, CVSv, CSvV, V, CCVCC...), mas a estrutura predominante é a CV (consoante-vogal);

h) As letras notam segmentos sonoros menores que as sílabas orais que pronunciamos;

i) As letras têm valores sonoros fixos, apesar de muitas terem mais de um valor sonoro e certos sons poderem ser notados com mais de uma letra.

Todos os que somos alfabetizados, sem dúvida, dominamos tais princípios. No entanto, nem sempre mantemos, em nossas mentes, esses conhecimentos de modo consciente, organizado e verbalizável. Ao que parece, nos apropriamos desses conhecimentos durante a aprendizagem da escrita, refletindo sobre os mesmos, mas, ao tornarmos nosso saber automático, não mais pensamos sobre eles. Contudo, julgamos que para o professor organizar melhor sua ação didática, a explicitação consciente daqueles aspectos é importante. Quanto mais temos consciência acerca do objeto de ensino e aprendizagem, melhor nos preparamos para ensiná-lo e melhor compreendemos as dificuldades dos estudantes. De Lemos (1998, p.16-17) observa que:

> uma vez transformados pela escrita em alguém que pode ler ou escrever, não é possível subtrairmo-nos a seu efeito, nem concebermos qual é a relação que aquele que não sabe ler tem com esses sinais que, para nós, apresentam-se como transparentes. Ou ainda, não podemos mais recuperar a opacidade com que esses sinais antes se apresentavam também para nós.

É necessário que os docentes percebam que a progressiva compreensão dos princípios há pouco elencados torna o aluno um usuário da escrita. Só compreendendo tais princípios é possível registrar qualquer palavra, ou seja, não é possível escrever sem entender qual é a lógica de funcionamento da escrita.

O percurso evolutivo vivido por jovens e adultos

Além de desenvolver suas habilidades de reflexão fonológica – que permitem, por exemplo, observar que as palavras orais são constituídas por sílabas e sons menores –, o caminho evolutivo revelado pelos aprendizes do sistema alfabético demonstra que, para entender o sistema notacional inventado há milênios, eles vivenciam uma série de questões "lógicas". Ferreiro (1989) nos ensina que, para chegar a compreender que "a escrita nota a fala", o indivíduo tem que resolver questões ligadas às relações entre partes e todos (orais e escritos), ao seguimento de uma ordem serial (que explica por que as letras são postas em sequência) e de busca de relações termo a termo (para alcançar-se o adequado pareamento entre segmentos orais e escritos).

Nessa trajetória, diferentemente do que pensam os defensores de métodos fônicos, os fonemas, durante um longo tempo, não estão disponíveis na mente do aprendiz, como unidades que ele possa acessar e manipular. O aprendizado do SEA, portanto, não é um simples trabalho de "associação de fonemas a grafemas". Ademais, numa perspectiva construtivista, não é possível saltar etapas (por melhor que seja o ensino oferecido), uma vez que os novos conhecimentos pressupõem conhecimentos prévios, sobre os quais serão construídos.

Sem esquecer que muitos alfabetizandos jovens e adultos estão bem mais familiarizados (que a maioria das crianças pequenas) com letras e com práticas sociais onde se lê e escreve, precisamos reconhecer que vivenciam os mesmos estágios, na empreitada de conhecer o sistema alfabético. Também os aprendizes "já crescidos" revelam hipóteses pré-silábicas, silábicas, silábico-alfabéticas e alfabéticas de escrita.

O exemplo 1, abaixo, pode ilustrar a escrita de um adulto que ainda não tinha compreendido a necessidade de realizar uma relação entre a pauta sonora da palavra oral e sua notação escrita. Ferreiro e Teberosky (1985) denominaram tal tipo de resposta como "hipótese pré-silábica".

Exemplo 1: Escrita pré-silábica

Diferentemente das crianças que iniciam a escolarização formal, a tendência, sobretudo nos grandes centros urbanos, é encontrarmos em cada turma de iniciantes de EJA poucos jovens e adultos com hipóteses pré-silábicas de escrita. A experiência com letras e práticas letradas também faz com que não encontremos facilmente adultos que usam garatujas ou pseudoletras.

Na busca de compreender a lógica de funcionamento do sistema, os estudantes tentam descobrir quais são as unidades sonoras que correspondem às unidades gráficas. Tal descoberta implica tanto em uma análise quantitativa quanto em uma análise qualitativa, como foi evidenciado nos estudos de Ferreiro e Teberosky (FERREIRO; TEBEROSKY, 1986; FERREIRO, 1985; 1989; TEBEROSKY, 1993). Nem sempre essas duas dimensões aparecem de modo simultâneo. Algumas pessoas começam a evidenciar conhecimentos acerca de correspondências letra-som sem, no entanto, manifestar reflexões acerca da segmentação das palavras em sílabas, como podemos ver no exemplo a seguir.

Exemplo 2: Escrita silábica inicial

Neste exemplo, alguns indícios de busca de estabelecimento de relações podem ser observados. Quando foi ditada a palavra *sol*, o aluno escreveu CO junto com o desenho de um sol e mais a letra A. Vemos, portanto, que, ao mesmo tempo em que elabora um desenho, algo típico de uma hipótese ainda muito inicial de escrita, o sujeito insere uma sílaba que sugere preocupação com correspondências grafofônicas, pois o C em algumas situações é usado para representar o fonema /s/. Na palavra *roda*, aparecem duas letras que têm relação com as sílabas da palavra: O e A. Em *cabelo*, aparece o pedaço CA. Em *abelha*, as letras A e B dão indícios da busca de uma relação letra-som. Em *abacaxi* também aparecem letras que estabelecem as relações com sons: A I K. Em suma, de uma maneira razoavelmente sistemática, várias tentativas de correspondência são realizadas pelo aluno, mas não há indício de uma preocupação em marcar cada sílaba, numa sequência serial que busca relacionar as partes faladas e as partes escritas.

39

O conhecimento de que as palavras orais podem ser segmentadas em sílabas é muito produtivo para que alunos naquele nível avancem no seu domínio da escrita alfabética. Via de regra, temos detectado que eles percebem inicialmente que as palavras podem ser segmentadas em sílabas. Muitas vezes, adotam uma hipótese de que a cada sílaba corresponderia uma letra, como podemos visualizar no exemplo 3, que ilustra o que muitos educadores passaram a denominar de "hipótese silábica de quantidade", inspirados em Ferreiro e Teberosky (1986).

Exemplo 3: Escrita silábica de quantidade

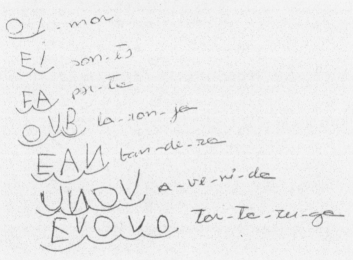

Esta descoberta nem sempre é acompanhada de uma escolha das letras pautada nas convenções sobre a que letra um determinado fonema está vinculado, como pode ser observado acima. Mas, há estudantes que logo cedo realizam escolhas das letras focando nas unidades sonoras das palavras, conhecendo algumas correspondências, como podemos identificar no exemplo abaixo, que seria uma ilustração do que passamos a denominar "hipótese silábica de qualidade".

Exemplo 4: Escrita silábica de qualidade

```
In        → pé
Bo        → sol
Pa        → pedra
oa        → roda
abo       → cabelo
col       → salário
tao       → trabalho
abai      → abacaxi
aoon      → mosquito
```

Nesse caso há, simultaneamente, atenção à quantidade de letras a serem utilizadas e ao uso de letras selecionadas, com base em conhecimentos sobre as convenções relativas às correspondências letra-som. Obviamente, tal conhecimento não garante que os estudantes possam ler e escrever com autonomia. Na verdade, além de centrar a atenção na segmentação silábica, os aprendizes precisam focar o olhar no interior dessa unidade linguística.

Quem escreve com essa lógica silábica vive uma série de conflitos (FERREIRO, 1985). Além de sempre perceber que suas notações têm menos letras do que as produzidas por quem já sabe ler, o indivíduo se defronta com escritas suas que contradizem hipóteses que ele havia construído previamente. Ao escrever com vogais as palavras *roda* e *bota*, um aluno com hipótese silábica estrita pode notar O A, o que lhe causa o desconforto de pôr apenas duas letras para cada palavra e, o que é pior, de pôr exatamente as mesmas letras para palavras diferentes, cujas sílabas orais ele já pronuncia separadamente, enquanto escreve.

41

É a atenção às unidades que compõem as sílabas (portanto, unidades menores que elas) que promove a compreensão de que, no sistema alfabético de escrita, cada letra corresponde, na maior parte das vezes, a um som menor, que os estudiosos denominam de "fonema". Como vimos no capítulo 3, a chegada a essa solução depende do desenvolvimento de algumas habilidades metafonológicas, mas, também, depende da interação com as unidades materiais (letras), sobre as quais o sujeito reflete sobre as relações entre partes faladas e partes escritas.

Mas a busca de uma estrita relação letra-som baseada na hipótese alfabética não é algo imediato, após uma etapa de hipótese silábica. Ao tentar estabelecer uma relação termo a termo entre "os sons pequenos" e as letras, nem sempre o aprendiz consegue notar todos os fonemas. Até que haja automatização dessa busca, os estudantes passam por um período em que parecem "esquecer" letras na escrita das palavras. É preciso compreendermos que não se trata de dislexias ou "omissões de letras", já que agora eles estão colocando no papel mais letras que na etapa silábica anterior (Ferreiro, 1985).

Exemplo 5: Escrita silábica-alfabética

Exemplo 6: Escrita alfabética

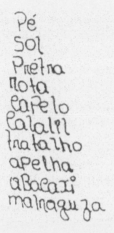

No exemplo 5, o estudante mostra, em algumas palavras, que está tentando representar as unidades menores que as sílabas e, em outras, que se limita a colocar uma letra para cada sílaba. Por exemplo, na palavra médico, representa integralmente a sílaba ME, mas coloca uma letra para a sílaba "di" (I) e outra para a sílaba co (O). Em bicicleta, representa integralmente a sílaba "bi" (BI) e a sílaba "ci" (SI), mas as outras sílabas são representadas cada uma com uma letra: "cle" (L), "ta" (A).

No exemplo 6, o estudante já representa de modo mais consistente os fonemas, embora cometa várias violações das regras ortográficas. O que temos observado é que há um período de consolidação das correspondências grafofônicas e um longo período de aprendizagem da norma ortográfica. Obviamente, a norma ortográfica impõe limites à hipótese alfabética, por conter regras (por exemplo, o uso de dígrafos como RR, QU) e irregularidades (usos de C, S, Ç, SS, X para notar o som /s/, por exemplo) que desestabilizam o princípio alfabético.

Os alunos cujas escritas examinamos acima percorrem uma longa trajetória de aprendizagem e precisam consolidar a alfabetização. Temos visto, nas diversas ações de formação das quais participamos, que muitos jovens e adultos que buscam projetos de alfabetização ou o retorno à escolarização encontram-se já numa fase avançada de aprendizagem (silábico-alfabética ou alfabética) e precisam de intervenções que os ajudem a consolidar os conhecimentos e organizar o que já sabem, além de desenvolverem as habilidades de leitura e produção de textos.

Além desses princípios centrais do sistema de escrita, outras apropriações ocorrem durante o processo de alfabetização. O domínio das letras que usamos para escrever é uma delas. Muitos jovens e adultos chegam à escola já com este conhecimento, mas outros não conhecem várias letras ou parte delas. Há ainda os que reconhecem as letras, mas têm dificuldades para traçá-las. Desse modo, é importante examinarmos esse tema com mais profundidade.

Qual a relação entre conhecer letras e compreender o sistema alfabético?

Vimos, no início do capítulo anterior, o depoimento de um adulto, o Sr. Aguinaldo, que revelava: "*Conheço todas as letras, mas juntar é que é o difícil*". Essa instigante afirmação nos leva a indagar: Qual a relação entre o conhecimento das letras e o domínio da escrita alfabética? Como os adultos com diferentes níveis de escrita empregam seus conhecimentos sobre letras, na hora de escrever palavras que não memorizaram? Azevedo, Leite e Morais (2008) fizeram uma pesquisa na qual investigaram esse tema, tão importante para os que se dedicam à alfabetização na EJA. Para tanto, a investigação avaliou os conhecimentos de 40 alunos, com diferentes hipóteses de escrita (10 pré-silábicos, 10 silábicos, 10 silábico-alfabéticos e 10 alfabéticos), em tarefas de nomeação, identificação e escrita das 26 letras de nosso alfabeto, além da cedilha.

Os autores relatam que, no início da realização das atividades de escrita espontânea, encontraram uma resistência por parte de vários alunos da EJA, quando se lhes pedia que escrevessem palavras, embora os mesmos jovens e adultos se mostrassem mais disponíveis, no momento da realização das atividades com letras. A maioria dos sujeitos, ao escreverem, demonstrava consciência de que suas escritas não notavam as palavras solicitadas e, ao ler, soletravam as letras que haviam registrado (em lugar de dizer a palavra ditada pelo pesquisador).

Azevedo, Leite e Morais (2008) também verificaram a presença de características de mais de dois níveis de escrita nas notações de um mesmo aluno, o que tornou, em alguns casos, o diagnóstico mais complexo, especialmente se comparado ao que normalmente se constata, ao pedir a crianças que "escrevam como sabem" um conjunto de palavras. Um jovem de 23 anos, por exemplo, apresentou, numa mesma ocasião, características dos níveis silábico, silábico-alfabético e alfabético de escrita. Ele escreveu GEA, LAT, e COL para *janela, lápis* e *sol,* respectivamente, o que obrigou os investigadores a decidir o nível de escrita com base no que era mais frequente no conjunto das oito palavras que cada estudante era chamado a escrever.

Quando da realização das atividades relativas ao conhecimento de letras, os jovens e adultos mostraram melhor desempenho na atividade de Identificação, seguida da atividade de Nomeação e, por fim, da atividade de Escrita de letras. Contudo, as variações de desempenho em cada tarefa tendiam a não ser muito grandes. Havia muita semelhança, por um lado, entre os níveis de acerto dos sujeitos pré-silábicos e silábicos e, por outro, dos que já estavam nos níveis silábico-alfabético e alfabético. Isto já constituía um primeiro sinal de que o nível de escrita não se apresentava diretamente relacionado ao conhecimento das letras, já que sujeitos em diferentes níveis mostraram um conhecimento semelhante das letras.

No entanto, vale ressaltar que, à medida que avançava o nível de escrita, havia uma tendência de aumento dos totais de acertos nas três tarefas, embora mesmo os sujeitos que já tinham alcançado um nível alfabético não tenham atingido médias percentuais superiores a 89% em nenhuma das três atividades sobre letras (AZEVEDO; LEITE; MORAIS, 2008). Algumas consoantes como X e B eram mais conhecidas dos alunos, enquanto as letras K, W e Y eram mais difíceis para a maioria. O número de acertos das vogais em relação às consoantes também revelou-se superior em todos os subgrupos de níveis de escrita.

Mas uma questão pareceu mais importante para os autores: qual era a relação entre a capacidade de notar determinadas letras e de usá-las, na hora de escrever? Os pesquisadores examinaram, assim, se as letras, usadas na escrita de palavras guardavam seus valores sonoros convencionais e constataram que, em todos os níveis de escrita, os desempenhos eram bem mais baixos (que o conhecimento das letras isoladas), com exceção do nível alfabético. Ou seja, mesmo quando a fonetização da escrita já tinha começado (nos níveis silábico e silábico-alfabético), a capacidade de identificar, nomear ou escrever letras isoladas não mostrou uma relação direta com um uso que respeitava o valor sonoro convencional, na hora de escrever palavras.

Procurou-se observar também qual tipo de letra prevalecia na atividade de notação. Verificou-se que o uso da letra cursiva era mais frequente em todos os níveis de escrita, porém, Azevedo, Leite e Morais (2008) perceberam que nos níveis iniciais (pré-silábico e silábico) o uso da letras de imprensa (quando comparado ao uso da letra cursiva) ocorria mais que nos níveis de escrita mais elaborados. Viram também que entre os alunos que nunca tinham estudado a frequência de uso da letra de imprensa maiúscula era maior que entre os jovens e adultos que já tinham estudado anteriormente.

Como lição principal, todas essas evidências atestaram que, tal como já demonstrado em pesquisa feita com crianças (Leite, 2006), o conhecimento de letras não garante o seu uso com valor sonoro convencional, ou seja, não existiu uma relação causal entre compreender como o alfabeto funciona e saber sobre letras isoladas.

Comentários finais e cuidados a serem adotados quando diagnosticamos o nível de compreensão do sistema alfabético alcançado pelos alunos

Optamos, no presente capítulo, por tratar o processo vivido pelos jovens e adultos quando aprendem o sistema alfabético. Tal como argumentamos, julgamos que o professor precisa conhecer as propriedades e princípios que regem nosso sistema de escrita e conhecer bem as etapas que os alunos percorrem, ao viver a aprendizagem do mesmo. Cremos que só assim os docentes poderão propor intervenções mais eficazes para ajudar os alunos e as alunas a "desvelarem o mistério do alfabeto".

Antes de concluir, queríamos tratar de alguns cuidados que precisamos adotar quando pedimos a nossos alunos que escrevam "como acham que se escreve", a fim de diagnosticar os níveis de escrita que alcançaram.

Ao aplicarmos diagnósticos que visam a identificar os "níveis da psicogênese da escrita", devemos sempre lembrar, nosso propósito principal é diagnosticar a resposta que o aprendiz está formulando para duas perguntas básicas, já mencionadas nesse texto: 1- *O que a escrita representa/nota?* e 2- *Como a escrita cria representações ou notações?*

Ao examinar o que os jovens ou adultos escrevem, precisamos descobrir que respostas conseguiram elaborar para aquelas questões.

Em nosso contato com professores que usam o instrumento de diagnóstico baseado na escrita de palavras "como o aluno acha que é", antes mesmo de poder escrever convencionalmente, temos escutado dúvidas e queixas que nos levam a formular as seguintes sugestões de cuidados:

1. Pedir que o aluno escreva palavras cujo significado conhece, mas que não foram memorizadas (isto é, que não foram frequentemente lidas, escritas ou expostas, na sala de aula ou no mundo extraescolar).

2. Pedir que o aluno leia, apontando com o dedo o que escreveu. Fazer isso logo após o ditado de cada palavra. Sobretudo com os alunos que ainda não elaboraram uma hipótese alfabética ou silábico-alfabética, somente poderemos entender se eles relacionam as "partes faladas" às "partes escritas" de uma palavra (e, caso sim, sabermos como fazem tal relação), se observarmos a interpretação, ou seja, a leitura, que realizam do que escreveram. Quando necessário, devemos pedir que releiam, sempre apontando o que registraram.

3. Acrescentar outras palavras, durante a tarefa, para verificarmos certas pistas, caso tenhamos alguma dúvida. (Numa ocasião, nos deparamos com um aluno que, à primeira vista, parecia estar num nível silábico-alfabético. Pedindo-lhe para escrever novas palavras, vimos que ele se recusava a notar aquelas consoantes que a professora ainda não tinha ensinado e que ele "não queria escrever errado". Tratava-se, neste caso, de um aluno que já tinha atingido a hipótese alfabética).

4. Ao interpretar as diferentes notações produzidas pelo aluno, é preciso considerar o que predomina nas várias palavras escritas, para, enfim, decidir em que etapa ele se encontra. Devemos também ficar alertas para aqueles alunos que revelam estar num momento de clara transição. Diagnosticar tal momento de passagem é mais importante que colocar o jovem ou adulto num dos rótulos ligados a cada nível.

Para finalizar, insistimos que o diagnóstico agora enfocado só faz sentido se for servir de base para o ensino, para a escolha, pelo professor, de atividades que ajudem o aprendiz a avançar na apropriação da escrita alfabética. Esse tema – o ensino do sistema alfabético – será enfocado em próximos capítulos.

Referências

AZEVEDO, Sílvia; LEITE, Valdete; MORAIS, Artur. *Relações entre o conhecimento de letras e a compreensão da escrita alfabética entre alfabetizandos adultos*. Trabalho de conclusão de curso de graduação em Pedagogia. UFPE, 2008.

CARRAHER, Terezinha; REGO, Lúcia. O Realismo nominal como obstáculo à aprendizagem da leitura. *Cadernos de Pesquisa* (39): 3-10, 1981.

DE LEMOS, Cláudia T. G. Sobre a aquisição da escrita: algumas questões. In Roxane Rojo (Org.). *Alfabetização e letramento: perspectivas lingüísticas*. Campinas: Mercado de Letras, 1998.

FERREIRO, Emilia; TEBEROSKY, Ana. *Psicogênese da Língua Escrita*. Porto Alegre, Artes Médicas, 1985.

FERREIRO, Emilia. *Reflexões sobre alfabetização*. São Paulo: Cortez, 1985.

FERREIRO, E. A escrita antes das letras. In: SINCLAIR, H. (Org.) *A produção de notações na criança*. São Paulo: Cortez, 1989.

LEAL, Telma F. A aprendizagem dos princípios básicos do sistema alfabético: por que é tão importante sistematizar o ensino? Em Eliana Borges C. de Albuquerque e Telma Ferraz Leal. *A alfabetização de jovens e adultos em uma perspectiva do letramento*. Belo Horizonte: Autêntica, 2004.

LEITE, Tânia Maria S. B. R. *Alfabetização – Consciência Fonológica, Psicogênese da Escrita e Conhecimento dos Nomes das Letras: um ponto de interseção*. Dissertação (Mestrado) – Programa de Pós-Graduação em Educação da Universidade Federal de Pernambuco. Recife: UFPE, 2006.

MORAIS, Artur G. Se a escrita alfabética é um sistema notacional (e não um código), que implicações isto tem para a alfabetização? Em: MORAIS, Artur Gomes; ALBUQUERQUE, Eliana Borges C.; LEAL, Telma Ferraz (Org.). *Alfabetização: apropriação do sistema alfabético de escrita*. Belo Horizonte: Autêntica, 2005.

TEBEROSKY, Ana; GALLART, Marta S. (Org.). *Contextos de alfabetização inicial*. Porto Alegre: ArtMed, 2004.

TEBEROSKY, Ana. *Psicopedagogia da linguagem escrita*. 5. ed. Petrópolis: Vozes, 1993.

Capítulo 3
A consciência fonológica de alfabetizandos jovens e adultos e sua relação com o aprendizado da escrita alfabética

Artur Gomes de Morais

O que a capacidade de pensar sobre as partes sonoras das palavras tem a ver com o aprendizado de nosso sistema alfabético? Depois de mais de trinta anos de pesquisas, sabemos que essa é uma questão complexa e as respostas que têm sido propostas ainda são fonte de muita controvérsia. Nossa intenção, no presente texto, é explicar que a consciência fonológica é, na realidade, um conjunto de habilidades denominadas "metafonológicas" e que algumas delas, sim, parecem necessárias para que um indivíduo se alfabetize, enquanto outras não demonstram ter importância nessa empreitada.

O reconhecimento da existência de relações entre consciência fonológica e aprendizagem da leitura e da escrita é, hoje, algo bastante aceito, nos mais diversos países. No Brasil, entretanto, a hegemonia conquistada pelos estudos de letramento e pela teoria da psicogênese da escrita parece ter criado certo preconceito com o tema. Quando ele é tratado, infelizmente, ainda é por parte de defensores dos tradicionais métodos fônicos de alfabetização, para quem a solução de todas as mazelas de nosso ensino, na etapa inicial, seriam resolvidas pela adoção de algum método fônico miraculoso.

Tal como explicitado no capítulo anterior, esclarecemos, de entrada, que concebemos a apropriação da escrita alfabética como um laborioso trabalho de compreensão das propriedades de um sistema notacional. Nesse sentido, tal tarefa nunca poderia ser reduzida ao "aprendizado de um código", que ocorreria através da mera associação entre grafemas e fonemas, quando um professor apresentasse aquelas relações entre letras e sons aos seus alunos, através de lições prontas. Embora concordemos perfeitamente, nesse ponto, com os autores da teoria da psicogênese da escrita, julgamos que estes últimos têm uma posição questionável, ao não reconhecer que o aprendiz – jovem, adulto ou criança – precisa desenvolver algumas habilidades de consciência fonológica, para poder alcançar a etapa que, naquela abordagem teórica, se denomina "fonetização da escrita" (cf. FERREIRO, 1985, 1989).

No texto que se segue iremos, inicialmente, discutir o próprio conceito de consciência fonológica, enfocando-o como uma grande "constelação" de habilidades de refletir sobre as partes sonoras das palavras. Num segundo momento, vamos situar as controvérsias existentes entre os que examinam sua importância para a alfabetização e os cuidados que precisamos ter, para não criar, a partir do conceito de consciência fonológica, novos mecanismos de exclusão, na escola. Em seguida, discutiremos como alfabetizandos jovens e adultos conseguem resolver diferentes tarefas que exigem o emprego de distintas habilidades fonológicas, a fim de situar quais delas, de fato, seriam importantes para que os mesmos dominem a escrita alfabética. Finalmente, analisaremos procedimentos didáticos que, numa proposta mais ampla de "reflexão sobre as palavras escritas", visam a promover, no aprendiz, a compreensão sobre as relações entre partes escritas e partes faladas das palavras (orais e escritas). Cremos que essa perspectiva mais abrangente nos leva a praticar, na escola, um ensino que, além de conceber o aluno como um sujeito que reconstrói o que aprende, nos permite tratar o alfabeto como um complexo sistema notacional e reconhecer que existe uma interação entre o desenvolvimento da consciência fonológica e os avanços alcançados no domínio da notação escrita.

AFINAL, O QUE ENTENDEMOS POR "CONSCIÊNCIA FONOLÓGICA"?

Cena número 1: Josuel, 66 anos, era aposentado e tinha voltado a estudar no Programa Brasil Alfabetizado. No início do ano letivo, num certo dia de aula, ele estava respondendo a algumas perguntas que sua professora lhe fazia, para diagnosticar como ele raciocinava sobre as palavras orais. Ao lhe ser pedido para dizer uma palavra maior que *loja*, respondeu *mercado*, explicando que "no mercado tem muitas lojas". Quando lhe foram apresentadas as gravuras de *manteiga, tesoura, barco* e *mangueira*, e lhe foi dito para escolher aquelas que tinham nomes que começavam com o mesmo pedaço (a mesma sílaba), escolheu *barco* e *mangueira*, justificando apenas que "achava que era parecido".

Cena número 2: Aguinaldo, 60 anos, trabalhava como mecânico e queria poder ler os manuais de instrução de uso de máquinas e equipamentos ligados a sua profissão. Colega de turma de Josuel, ele também participou das mesmas tarefas de diagnóstico. No início do ano ele apresentava uma hipótese silábica de escrita e, ante as solicitações da professora, foi capaz de dizer que as palavras *lua* e *luva* eram parecidas "porque começavam com L" e que as palavras *botão* e *boneca* também eram parecidas, "por causa do B". Quando a mestra lhe pediu para dizer uma palavra maior que a palavra *ponte* ele disse *pin-gue-la*, justificando: "pin-gue-la é maior que pon-te". Mas, quando lhe foi pedido para dizer uma palavra maior que a palavra *mar*, respondeu: "não tem não... Essa eu não sei não. Não tem não".

Cena número 3: Lenilde, 58 anos, já tinha frequentado a escola em diversas ocasiões e, com muita dificuldade, escrevia algumas palavras, usando as letras com seus valores convencionais, embora apresentasse compreensíveis erros ortográficos. Ela escrevia, por exemplo, TATARUGA para *tartaruga* e ISTRELA para *estrela*. Quando a professora pediu que dissesse uma palavra começada com o mesmo pedaço que a palavra macarrão, ela imediatamente respondeu "Mariana" e explicou: "... é porque é /ma/ e ma/" Depois de dar alguns exemplos de como podemos dizer uma palavra partindo-a em seus sonzinhos menores (por exemplo, /v/ /a/ /z/ /u/ para *vaso*), a professora lhe pediu para fazer o mesmo com as palavras *bola* e *piano*. Apesar de já ter alcançado uma hipótese alfabética e usar as letras com seus valores convencionais, Lenilde não conseguiu fazer a tarefa. Ela só conseguia dividir aquelas palavras em suas sílabas orais, respondendo "/bo/ la/" e "/pi/ /a/ nu/".

Os adultos que participaram das situações agora descritas viveram, na realidade, tarefas em que sua mestra avaliava suas habilidades de consciência fonológica.[1] Eles foram chamados a fazer coisas distintas – como pensar em palavras maiores que outras, identificar ou dizer palavras que começavam de forma semelhante, pronunciar em voz alta os fonemas que constituem uma palavra. Apesar de variadas, essas ações têm algo em comum: todas elas exigem refletir sobre as palavras em sua dimensão sonora.

Existem diferentes maneiras de conceituar consciência fonológica. Nossa experiência de estudo do tema nos faz pensar que o mais adequado é defini-la como *um conjunto de habilidades de refletir sobre a palavra, considerando as partes sonoras que a constituem e podendo operar mentalmente sobre tais partes*. Essa definição envolve quatro aspectos que gostaríamos de ressaltar:

a) A natureza metalinguística do conhecimento em questão;

b) A variação do nível de consciência envolvido em diferentes habilidades de consciência fonológica ou no modo como os sujeitos as desempenham;

c) A natureza plural e não unitária do que chamamos consciência fonológica;

d) A necessidade de não reduzirmos consciência fonológica a consciência fonêmica.

Quanto ao primeiro ponto, dizemos que as habilidades de consciência fonológica são metalinguísticas porque elas implicam que o indivíduo raciocine sobre as palavras como objetos constituídos de parte sonoras, em lugar de preocupar-se com os significados que elas, as palavras, transmitem ou com os efeitos que possam causar em quem as escuta. No dia a dia, desde os primeiros anos de vida, usamos as palavras para nos comunicar, para conseguir algo de nossos interlocutores. Uma coisa é eu dizer ou ouvir a palavra *jararaca* e pensar que se trata de uma cobra, de uma pessoa má ou chata etc. Outra coisa é eu pensar sobre a mesma palavra e concluir coisas tão variadas

---

[1] Na realidade, o diagnóstico aplicado pela mestra era atividade de duas pesquisas (cf. CAVALCANTI; COSTA; MORAIS, 2004; GRANJA; MORAIS, 2004), cujos resultados trataremos na quarta seção desse capítulo.

como: que ela tem quatro pedaços (as sílabas orais /ja/, /ra/, /ra/, /ka/); que começa igual às palavras *Jacinto* e *jabuti*; que também começa com um som parecido com o de *jiló* e *gelo*; que termina do mesmo jeito que as palavras *faca* e *jaca*; que no meio da palavra os dois pedaços /ra/ e /ra/ são iguais. Dizemos, nesse caso, que o indivíduo está operando num nível metafonológico, porque é a palavra, enquanto sequência sonora, que constitui seu objeto de reflexão. Para que tal reflexão ocorra, momentaneamente, o sujeito deixa de prestar atenção às dimensões semântica e pragmática, que remetem ao significado e aos efeitos de sentido ou funções que a palavra cumpre, nas situações comunicativas em que é usada.

 Mas por que dizemos que tal reflexão envolve uma "consciência"? As habilidades em questão, como ilustrado nos exemplos que abrem essa seção, exigem que os sujeitos intencionalmente se voltem sobre as características sonoras das palavras e sobre elas operem. Isso é feito com um controle voluntário, que implica, por exemplo, comparar, contar partes sonoras, buscar na memória partes parecidas. Mas, precisamos ter cuidado, para não sermos muito limitados em nossa compreensão do que é consciente (cf. MORAIS, 2004, 2006). Ser consciente não requer, necessariamente, ser capaz de verbalizar por que chegamos a determinada solução. No caso da consciência fonológica, dois aprendizes podem, perfeitamente, escolher *macarrão* e *Marina* como palavras que começam de forma semelhante, mas, se lhes pedirmos para justificarem suas respostas, podem afirmar coisas distintas. Um pode dizer apenas que "as duas são parecidas" enquanto o outro diz "porque começa com /ma/ e /ma/". Ambos têm consciência de suas escolhas, embora o nível dessa consciência não seja o mesmo. Numa outra situação, podemos reconhecer que um aluno que escolhe as palavras *vela* e *vaca* como parecidas, porque "começam com o mesmo sonzinho" (num quarteto de figuras representando "vela", "pente", "mesa" e "vaca"), tem consciência do fonema inicial comum àquelas duas palavras. Seria absurdo pressupor que só alguém que conseguisse pronunciar em voz alta o fonema /v/ isolado poderia ser tomado como "consciente" da existência do tal fonema.

 Os diferentes exemplos de atividades metafonológicas até aqui apresentados nos levam, portanto, a não falar de "uma" habilidade de consciência fonológica. Elas são muitas e variam quanto às unidades sonoras envolvidas, quanto ao grau de dificuldade e quanto ao tipo de operação que o indivíduo realiza sobre as palavras.

No que diz respeito às unidades, diferentes habilidades operam sobre partes sonoras bastante distintas. Os segmentos ou as partes sonoras em jogo podem ser sílabas orais, fonemas, rimas ou ainda pedaços maiores, como palavras dentro de palavras. Pensando na habilidade de identificar semelhanças sonoras, um aprendiz está se valendo de sua consciência fonológica tanto quando acha que *país* e *parafuso* ou *dente* e *dominó* começam igual, como quando descobre que *janela* e *panela* terminam parecido, ou que dentro da palavra *soldado* estão as palavras *sol* e *dado*.

Como dissemos, as tarefas que exigem habilidades de consciência fonológica variam quanto ao grau de dificuldade (FREITAS, 2004; GOUGH; LARSON, 1995; STANOVICH, 1986). Em alguns casos, o indivíduo precisa fazer apenas uma operação, por exemplo, ao segmentar a palavra em suas sílabas orais. Noutros casos, é preciso realizar duas ou mais operações cognitivas, o que exige manter determinada operação na memória. Por exemplo, para dizer uma palavra começada com o mesmo pedaço oral que outra que escutei, tenho que isolar o primeiro segmento da palavra ouvida, mantê-lo em minha memória, enquanto evoco em meu léxico mental a palavra que julgo parecida com a primeira, para, finalmente, pronunciá-la em voz alta.

Outro ponto importante, que precisamos considerar, é que, ao refletir sobre aqueles "pedaços orais", o aprendiz pode realizar operações diversas: identificar semelhanças e diferenças, produzir palavras com pedaços parecidos, contar quantos pedaços existem, segmentar os pedaços em voz alta, juntar ou subtrair pedaços, mudar a ordem dos pedaços na palavra, comparar as palavras quanto ao tamanho.

Tudo isso nos faz interpretar que não existe nenhuma justificativa para reduzirmos o conceito de consciência fonológica à consciência "fonêmica", como querem os "ressuscitadores" dos métodos fônicos. Na realidade, como veremos numa outra seção, os estudos feitos em muitas línguas, mostram que nem todas aquelas habilidades metafonológicas se desenvolvem ao mesmo tempo. E revelam, também, que as características de cada língua influem sobre o percurso evolutivo dos indivíduos, o que nos traz um outro alerta: não podemos "transpor" para nossos alunos as evidências que os estudiosos encontraram ao pesquisar sujeitos que falam inglês ou alemão.

O que a consciência fonológica tem a ver com a compreensão e o domínio do sistema alfabético?

Há três décadas, um grupo de pesquisadores europeus (MORAIS; ALEGRIA; CARY; BERTELSON, 1979) realizou uma pesquisa na qual observaram que adultos analfabetos de Portugal tinham dificuldade em pensar sobre as palavras orais, de modo a poder, mentalmente, subtrair seus sons iniciais ou adicionar um fonema no início e descobrir qual palavra nova aparecia. Como as mesmas tarefas tinham sido facilmente resolvidas por adultos já alfabetizados, os estudiosos concluíram que a capacidade de pensar conscientemente sobre os sons das palavras (fonemas) era fruto da experiência escolar de alfabetização e não se desenvolveria normalmente entre aqueles que não tiveram oportunidades de ir à escola.

Numa perspectiva contrária, pesquisadores como Peter Bryant e Linete Bradley (BRADLEY; BRYANT, 1983, 1985) interpretaram que a consciência fonológica seria causadora da alfabetização. Eles fizeram um cuidadosa investigação, na qual conciliaram duas metodologias de pesquisa: o acompanhamento longitudinal de um grande número de crianças desde o final da pré-escola e um treinamento em consciência fonológica com dois subgrupos daquela mesma amostra.

Numa terceira posição conciliadora, pesquisadores defendem que a consciência fonológica seria um facilitador da alfabetização, no sentido de que os indivíduos com mais habilidades metafonológicas teriam mais sucesso na aprendizagem da leitura que seus pares com baixas habilidades de consciência fonológica.

As controvérsias foram também alimentadas pelo fato de diferentes estudos terem adotado diferentes tarefas de consciência fonológica, num momento em que esta ainda não era concebida como uma "constelação" de habilidades variadas. Como as tarefas têm distintos níveis de complexidade, a disparidade de resultados era algo natural. Hoje, apesar de não termos chegado exatamente a um consenso, cremos que é necessário reconhecer que, para dominar a lógica do sistema de escrita alfabética, o aprendiz precisa ter desenvolvido habilidades de consciência fonológica. Para chegar a uma hipótese silábica estrita de escrita, quando interpreta que deve colocar uma letra para cada sílaba da palavra que escreve, o indivíduo precisa pensar sobre a sequência sonora: identificar quantas sílabas a palavra tem, em que ordem aparecem e escolher um som da sílaba – geralmente as vogais – que irá notar. Para chegar a uma hipótese alfabética de escrita, essas análises têm que ser ainda mais refinadas: o indivíduo terá que pensar nos fonemas da palavra, analisar a ordem em que sucedem no interior da palavra, mesmo que não possa pronunciá-los em voz alta.

O fato de a consciência fonológica ser uma condição para que o aprendiz compreenda o sistema alfabético não significa que ele já tenha que ter um nível X daquelas habilidades para poder começar seu processo de alfabetização. Não se trata de uma nova modalidade de "prontidão". Na realidade, as evidências de que dispomos mostram que, durante a experiência de alfabetização, as habilidades metafonológicas se desenvolvem bastante. Isto é, trata-se de um processo de mão dupla, de uma complexa interação: ao conviver com a notação escrita, desenvolvemos nossas habilidades de refletir sobre as palavras enquanto sequências de segmentos sonoros.

Esse é um aspecto importante, que precisa ser aprofundado. A maioria dos estudiosos da consciência fonológica tem uma visão bastante limitada do que é a escrita alfabética. Pensam que o alfabeto é um código e que seu aprendizado seria um processo de associação entre fonemas e grafemas. Assim, para se alfabetizar, o indivíduo teria apenas que poder isolar os fonemas das palavras e memorizar as letras que substituem cada fonema. Mesmo quando se referem à "compreensão do princípio alfabético" tais estudiosos tendem a reduzir tal compreensão a uma associação de fonemas a grafemas. A escrita seria uma transcrição da fala e não influenciaria fortemente nossa capacidade de refletir sobre os segmentos sonoros das palavras

A teoria da psicogênese (cf. Ferreiro; Teberosky, 1986) já demonstrou que, diferentemente do que prega essa visão simplista, o aprendizado do sistema alfabético é um complexo processo, que tem etapas, não podendo nunca ser concebido na base do "tudo ou nada". Antes de chegar a uma hipótese alfabética o aprendiz constrói uma hipótese silábica e nenhum método miraculoso faz com que o aluno "salte etapas". Ferreiro (2003) defende que a escrita tem um papel fundamental na capacidade de tratarmos os segmentos da fala como objetos de reflexão. Para essa autora, ao materializar os sons substituindo-os, as marcas gráficas (sequências de letras, espaços em branco entre letras) tornam possível que tratemos como unidades o que, de fato, não aparece como unidades discretas na expressão oral.

Reconhecendo esse papel fundamental da escrita sobre nossa capacidade de refletir sobre as partes sonoras das palavras (cf. também TEBEROSKY, 2003), julgamos que a posição de Ferreiro é radical, ao tratar a consciência fonológica como mera consequência da compreensão da lógica que organiza o sistema alfabético (cf. FERREIRO, 1989; VERNON; FERREIRO; 1999). Como já afirmamos anteriormente, interpretamos que, para desenvolver hipóteses silábicas e alfabéticas de escrita, os aprendizes precisam, necessariamente, lançar mão de habilidades metafonológicas como contar as sílabas orais e identificar sons no interior dessas sílabas.

Que habilidades de consciência fonológica os alfabetizandos jovens e adultos brasileiros têm revelado?

Os dados que discutiremos agora foram produzidos numa investigação que realizamos no ano de 2004, com 24 alunos que ingressavam no Programa Brasil Alfabetizado (GRANJA; MORAIS, 2004). Suas idades variaram de 27 a 68 anos. A amostra final foi composta por subgrupos de seis alunos cada, divididos conforme o nível de escrita: 6 pré-silábicos, 6 silábicos, 6 silábico-alfabéticos e 6 alfabéticos. Dos 24 adultos, 19 eram do sexo feminino e a ocupação predominante era o trabalho doméstico. Já os sujeitos do sexo masculino tinham como ocupação a serralharia ou eram pedreiros. Em relação à frequência escolar, cerca de 67% dos adultos da amostra já tinham estudado previamente. Aproximadamente metade dos que não tinham frequentado escola iniciou o curso no nível pré-silábico.

No início do período letivo de seis meses, além de fazerem um ditado de palavras, a partir do qual diagnosticávamos seu nível de compreensão do sistema alfabético (FERREIRO; TEBEROSKY, 1986), pedíamos àqueles alfabetizandos que respondessem doze tarefas que avaliavam a consciência fonológica. Os alunos respondiam individualmente às tarefas, num espaço vizinho às salas de aula, e o faziam em dois ou três dias seguidos, para que não ficassem cansados. As tarefas avaliavam as seguintes habilidades metafonológicas:

- Separação oral de sílabas; Contagem de sílabas de palavras; Separação de fonemas nas palavras; Contagem do número de fonemas nas palavras; Produção de palavras maiores que outras;Identificação de palavras maiores que outras;Identificação de palavras que começam com a mesma sílaba;

- Produção de palavras que começam com a mesma sílaba; Identificação de palavras que rimam; Produção de palavras que rimam; Identificação de palavras que começam com o mesmo fonema; Produção de palavras que começam com o mesmo fonema.

Em cada tarefa eram apresentados dois exemplos, nos quais o próprio examinador realizava a operação solicitada. Em seguida, havia dois itens-treino, os quais o sujeito respondia, mas, em caso de erro, o examinador podia corrigi-lo, na tentativa de tentar ajudá-lo a compreender o que estava sendo solicitado pela questão. Por fim, eram apresentados quatro itens-exame. Apenas estes fizeram parte da nossa análise.

A tabela 1, abaixo, apresenta a distribuição percentual de acertos por tarefa, considerando o nível de compreensão de sistema de escrita dos sujeitos no início do curso.

Observamos que algumas atividades foram bem mais difíceis ou mais fáceis que outras, independentemente do nível de escrita dos alunos. Encontramos também uma tendência geral a que os alunos com níveis de escrita menos elaborados apresentassem menos acertos que seus colegas com mais avançada compreensão da escrita alfabética.

As tarefas de **separação oral de sílabas** e **contagem de sílabas de palavras** podem ser consideradas fáceis para os adultos, tendo em vista os elevados percentuais de acertos – 82% e 85%, respectivamente. Os erros encontrados foram produzidos sobretudo pelos adultos com uma compreensão pré-silábica do sistema de escrita. O erro mais presente na tarefa de separação oral de sílabas foi o da não-segmentação nas palavras maiores, o que parece estar relacionado à extensão e à tonicidade das palavras (por exemplo, "/a/ /pa/ /gador/", "/mu/ /zika/").

A contagem, mesmo implicando o acréscimo de outra operação cognitiva à tarefa, pareceu bastante familiar aos adultos e muitos deles já contavam as sílabas segmentadas desde a primeira tarefa. Mais uma vez os alunos no nível pré-silábico produziram a maior quantidade de erros, também geralmente ligados aos efeitos da extensão e da tonicidade de palavras trissílabas e polissílabas.

Tabela 1
Distribuição percentual dos acertos de alunos de diferentes níveis de escrita nas tarefas que avaliavam habilidades de reflexão fonológica.

Tarefas	Pré-silábico	Silábico	Silábico-Alfabético	Alfabético	GERAL
1. Separação oral de sílaba	50%	92%	96%	92%	82%
2. Contagem de sílabas de palavras	75%	92%	87%	87%	85%
3. Separação de fonemas nas palavras	12%	17%	17%	17%	16%
4. Contagem de fonemas nas palavras	29%	46%	58%	37%	40%
5. Produção de palavras maiores	83%	87%	100%	92%	91%
6. Identificação de palavras maiores	75%	75%	83%	100%	87%
7. Identificação de palavras que começam com a mesma sílaba	54%	83%	62%	83%	71%
8. Produção de palavras que começam com a mesma sílaba	37%	71%	50%	54%	55%
9. Identificação de palavras que rimam	54%	75%	71%	58%	65%

10. Produção de palavras que rimam	33%	37%	46%	25%	35%
11. Identificação de palavras que têm o mesmo fonema inicial	37%	46%	67%	83%	58%
12. Produção de palavras que têm o mesmo fonema inicial	54%	87%	87%	79%	77%

Na **atividade de separação dos fonemas nas palavras**, tal como observado previamente com crianças (MORAIS; LIMA, 1989; MORAIS, 2004), mesmo os alunos que já tinham alcançado uma hipótese alfabética de escrita demonstraram uma enorme dificuldade em pronunciar, um de cada vez, os fonemas das palavras em questão, o que pode ser evidenciado pelo baixo percentual de acertos. Todos aqueles acertos referiram-se à segmentação de um monossílabo, constituído por duas vogais, a palavra "EU". Por esses fonemas serem vogais, podem ser tratados como sílabas, o que os torna mais fáceis de segmentar.

Também na **tarefa de contagem de fonemas nas palavras** todos os adultos tiveram muita dificuldade. Em ambas as tarefas agora enfocadas, a maioria dos erros refletia uma tendência a segmentar as palavras em sílabas. Outro erro frequente foi o de não-segmentação. Na atividade de contagem, a estratégia mais utilizada pelos adultos que acertavam era soletrar a palavra e em seguida contar as letras, o que indica que estiveram pensando na imagem ortográfica das palavras, em lugar de fazer uma segmentação fonêmica. Esses resultados nos parecem muito importantes, porque questionam completamente a ideia dos defensores dos métodos fônicos, segundo os quais a capacidade de segmentar as palavras em fonemas seria um requisito para a alfabetização.

Já nas **atividades de produção e identificação de palavras maiores que outras**, vimos que nossos alfabetizandos jovens e adultos se saíram bem. Mesmo os que se encontravam no nível pré-silábico tiveram índices de acerto superiores a 70%, apresentando melhor desempenho que crianças que se encontram no mesmo nível (cf. MORAIS, 2004).

A consideração dos atributos físicos ou funcionais dos objetos ou "realismo nominal" (CARRAHER; REGO, 1981) pôde ser percebida nas respostas de alguns sujeitos, tal como vimos nas falas dos alunos Josué e Aguinaldo, que disseram que a palavra *mercado* era maior que a palavra *loja*, porque "um mercado tem muitas lojas" ou que não existia uma palavra maior que a palavra *mar*.

Chamamos, mais uma vez, a atenção para a importância dessas duas habilidades no processo que Ferreiro e Teberosky (1986) denominaram "fonetização da escrita". Numa pesquisa prévia com crianças (MORAIS, 2004) vimos que os aprendizes pré-silábicos tinham mais dificuldade em comparar palavras quanto ao tamanho, mesmo quando já tinham um bom desempenho nas habilidades de segmentar palavras em sílabas ou contar as sílabas de palavras. Isto é, essas duas últimas habilidades não garantiam que, ao escrever, levassem em conta a sequência sonora, desconsiderando as características físicas dos objetos que elas, as palavras, representam.

Observamos uma relativa facilidade para os adultos na resolução da **tarefa de identificação de palavras que começam com a mesma sílaba**: 71% de respostas corretas. Para os pré-silábicos essa dificuldade pareceu mais acentuada. Mais uma vez eles tiveram os piores resultados, o que sugere o quanto a construção de uma hipótese de escrita mais avançada requer que o indivíduo possa pensar sobre as sílabas orais das palavras. Nos acertos, as estratégias mais frequentes foram as de identificação de sílabas e letras iniciais e estas últimas foram mais utilizadas pelos adultos do nível alfabético.

Já na **atividade de produção de palavras que começam com a mesma sílaba**, percebeu-se um desempenho bem inferior: apenas 55% de respostas corretas no total geral. Entre os pré-silábicos, que já demonstravam dificuldades na tarefa anterior, essa impossibilidade acentuou-se. Vimos que mesmo adultos em níveis mais avançados de compreensão do sistema de escrita não conseguiram sempre justificar suas respostas. Muitos misturavam os termos *palavra, letra* e *sílaba*, ao formular justificativas. Ao lado da identificação da letra inicial, verbalizada mesmo por alunos do nível silábico, em muitas das respostas os adultos pronunciavam as duas sílabas iguais ("*maracá* e *maleta*, porque é /ma/ e /ma/").

Também a **identificação de palavras que rimam** revelou-se relativamente difícil para os aprendizes jovens e adultos. Vimos, assim, que observar e identificar a porção final das palavras parece ser mais difícil do que pensar sobre a sílaba inicial. Os sujeitos com compreensão pré-silábica de escrita foram os que mais erraram, seguidos, curiosamente, dos alfabéticos. Neste sentido, é importante pontuar uma diferença qualitativa nesses erros. O erro nos alfabéticos pareceu, em parte, ser reflexo do entendimento errado da instrução, tendo em vista que em alguns casos os sujeitos continuaram raciocinando sobre a sílaba inicial.

Na atividade de **produção de palavras que rimam**, nossos jovens e adultos tiveram um baixo percentual geral de acertos: 35%. A estratégia mais bem sucedida, percebida nas justificativas nos casos de acertos, foi a de identificação dos segmentos finais iguais, expressa pela justificativa: "Termina com a (mesma) sílaba X". Sabemos que as pesquisas feitas com crianças também indicam que os falantes do português se saem melhor na identificação de aliterações (semelhanças) nas sílabas iniciais, que ao refletirem sobre rimas (cf. CARDOSO-MARTINS, 1991; BARRERA; MALUF, 2000).

Quando fizeram as tarefas de **identificação** e **produção de palavras que começam com o mesmo fonema**, nossos aprendizes também tiveram um desempenho superior ao observado entre crianças que realizaram aquelas mesmas tarefas (MORAIS, 2004). Nesse sentido, convém mencionar que, tal como ocorrido nas tarefas de segmentação e contagem de fonemas, nenhum sujeito isolou os fonemas corretamente.

A níveis de escrita mais avançados correspondiam justificativas mais elaboradas. Os sujeitos de nível alfabético, mais uma vez, evocavam as letras em lugar de pronunciar os fonemas com que as palavras começavam. Na tarefa de produção os acertos, contudo, tendiam a envolver palavras que, além de conter o fonema inicial da palavra-estímulo, também tinham a mesma sílaba inicial. Por exemplo: "*pipoca* e *pirulito*, porque é o mesmo som /pi/ de *pipoca*". Essa evidência também demonstra que mesmo adultos já alfabetizados têm dificuldades em raciocinar sobre fonemas isolados e que sua consciência fonológica consegue operar sobre fonemas sem que precisem pronunciá-los um a um.

Todos esses resultados nos dão boas lições. Como já dito, precisamos conceber a consciência fonológica como uma competência plural, composta por diferentes habilidades, que têm características e complexidades variadas. Em segundo lugar, vimos claramente que algumas habilidades parecem estreitamente vinculadas aos avanços na apropriação da escrita alfabética, enquanto outras não são reveladas sequer por indivíduos que já atingiram o nível alfabético. Se a capacidade de segmentar palavras em fonemas e de contá-los não parece de modo nenhum importante para que um indivíduo se alfabetize, outras habilidades – como as capacidades de pensar sobre as sílabas, contá-las, comparar palavras quanto ao tamanho e identificar palavras que começam com a mesma sílaba – parecem necessárias para que os sujeitos dominem nosso sistema de escrita. Por isso entendemos que a escola tem que cumprir seu papel, promovendo a consciência fonológica dos aprendizes.

Questões didáticas: como ajudar nossos alunos jovens e adultos a refletir sobre as partes sonoras das palavras?

Nossa experiência com a alfabetização nos tem levado a conceber o desenvolvimento da consciência fonológica não como um "treinamento de habilidades X ou Y", mas como jogos e atividades que fazem parte de uma didática mais ampla que, além de dar conta do letramento, promove nos alunos a "reflexão sobre o funcionamento das palavras escritas". Desse modo, os aprendizes são ajudados a, ludicamente, observar certas propriedades do sistema alfabético (como a ordem, a estabilidade e a repetição de letras nas palavras), ao mesmo tempo em que analisam a quantidade de partes faladas e de partes escritas, bem como as semelhanças sonoras. Nessas situações, o fato de o aprendiz ter as formas escritas das palavras, enquanto examina seus pedaços orais, materializa esses últimos e permite refletir-se melhor sobre como o sistema alfabético funciona. Trabalhar com letras móveis, nesses casos, é importantíssimo.

Algumas habilidades nos parecem primordiais para desenvolvermos no dia a dia das turmas de alfabetização da EJA. Elas envolvem as capacidades de partir as palavras em sílabas, comparar palavras quanto ao tamanho, comparar palavras quanto às semelhanças sonoras (de suas sílabas, rimas ou fonemas iniciais).

Nessa perspectiva, alguns textos se prestam especialmente para refletirmos sobre a dimensão sonora das palavras. Eles são textos poéticos (músicas, quadrinhas, cantigas da tradição popular, parlendas) e trava-línguas que contêm rimas e aliterações. Por serem curtos e os alunos os saberem de cor, seu uso permite uma reflexão específica sobre as relações entre partes orais (o que pronunciamos) e as partes escritas do texto (as palavras, sílabas e letras) que substituem, no papel, o que pronunciamos, ao cantar o texto. A observação das repetições nas formas orais e escritas aviva a questão central: como a escrita cria representações. Leal (2004, p. 20) nos traz um relato da professora Ana Célia Brito, que ilustra bem o que estamos defendendo:

> Foi realizada a leitura do trava-língua do TATU. [...] Cada aluno recebeu o texto do trava-língua e foram circular a palavra *tatu* encontrada nele. Quando terminaram esta atividade, receberam uma folha de papel ofício em branco e fizeram duas linhas verticais para escrever o TA e o TU em lados diferentes, deixando um lado em branco para colagem de figuras que não começavam nem com TA nem com o TU. Ao terminarem a colagem, fomos analisar coletivamente no quadro quais seriam as que teriam colado de lado do TA (*tatu, tapete, taça*), do lado do TU (*tucano, tubarão*) e as que ficaram do lado branco (as que não começam nem com o TA e nem com TU – *avião, pipoca, sapo*).

Veja-se que, além de "brincar" com o trava-língua, os jovens e adultos pararam para refletir sobre palavras. Ao procurarem palavras iniciadas com TA, TU ou outras sílabas, eram levados a pensar/descobrir que as palavras que falamos compartilham "pedaços sonoros" iguais. Tiveram que "partir" palavras em sílabas, isolar mentalmente as primeiras sílabas e compará-las. Ao colocarem na mesma coluna as palavras com aliteração no segmento inicial, estavam classificando palavras por uma característica de suas pautas sonoras, completamente independentes de seus significados. Se tivessem trabalhado com a forma escrita das mesmas palavras, tal como defendemos há pouco, teriam podido refletir diretamente sobre as relações entre partes escritas e partes faladas das palavras. Teriam visto as primeiras sílabas iguais compartilhando exatamente as mesmas letras e poderiam pensar por que isso acontece.

Nos jogos que temos criado (LEAL *et al*, 2006), ao serem convidados a brincar com as palavras, os alunos praticam a identificação, a categorização e a produção de palavras parecidas. Parecidas porque têm características semelhantes quanto ao tamanho, quanto à repetição de segmentos iniciais ou finais, por conterem outras palavras em seu interior. As situações são, muitas vezes, apresentadas sob a forma de jogos que já fazem parte do universo cultural dos alunos (por exemplo, "dominó", "bingo", "mico"). Assim, num jogo de ludicidade com palavras orais (cf. DEBYSER, 1991; VEVER, 1991), os jovens e adultos são ajudados a refletir sobre as propriedades orais e escritas das palavras. Embora, de início, sempre apresentemos um jogo ou atividade para o coletivo da turma, estimulamos, depois, os alunos a jogarem em duplas ou quartetos. Consideramos que a oferta de informações por pares mais experientes é uma ajuda fundamental para a compreensão das relações entre palavras orais e escritas, tendo em vista a natureza cultural do objeto de conhecimento "notação escrita".

No jogo "Batalha de Palavras", por exemplo, dois alunos ou duas duplas recebem a mesma quantidade de cartelas, no verso das quais aparecem gravuras, cujos nomes variam quanto à quantidade de sílabas orais (por exemplo, *pá*, *leão*, *sapato*, *igreja*, *computador*, *mão*, etc.). A cada jogada os participantes "levantam" uma cartela e ganha quem estiver com a gravura cujo nome tem mais "pedaços". Para dirimir eventuais dúvidas, professor e alunos checam, comparando as palavras, pronunciando uma sílaba a cada vez, contando quantas vezes abrem a boca. Os alunos com hipóteses de escrita menos avançadas são ajudados a observar que as palavras são compostas por unidades sonoras menores (as sílabas orais). Tal conhecimento é fundamental para aqueles alunos desenvolverem uma hipótese silábica de escrita. Já os alunos com hipóteses mais evoluídas podem contrastar alguns pares de palavras que apareceram, escrevendo-as com um alfabeto móvel. O ideal é sempre pôr os alunos na condição de quem resolve a tarefa, pedindo que digam com que letras acham que cada palavra começa, qual vem depois, quantas letras acham que será preciso para escrever cada palavra do par... e que justifiquem suas respostas.

Esse tipo de condução foi bem ilustrado no depoimento da professora Ana Catarina dos Santos Cabral (MORAIS, 2004, p. 20). Ela narra assim uma atividade desenvolvida com seus alunos de uma turma do Programa Brasil Alfabetizado:

No dia em que realizei esta aula, eu tinha como objetivo fazer com que os alunos conhecessem os meses do ano, o dia do aniversário de cada um, mas não deixei de lado a reflexão sobre o Sistema de Notação Alfabética. Entreguei fichas com os meses do ano, uma para cada aluno e pedi que identificassem que mês tinham recebido. Os alunos que estavam na hipótese silábica ou silábico-alfabética fizeram esta atividade utilizando estratégias de leitura e ativando seus conhecimentos prévios.

Assim, quando perguntei a Dona Quitéria que mês era aquele que ela tinha em sua mão direita, ela disse que achava que era janeiro e quando lhe perguntei por que, disse-me "Por que começa com J, A que faz JÁ." Apontei para a ficha que sua vizinha segurava e perguntei-lhe por que não podia ser aquela. Ela me explicou que aquele nome começava com O e que "...o mês que começa com O é outubro".

Depois de pedir-lhe para soletrar todas as letras da primeira ficha, perguntei à turma se tinha alguma outra palavra que nós podemos ler dentro de JANEIRO. Após um breve silêncio, Djalma respondeu: "Jane". Elogiei e escrevi a palavra no quadro.

Perguntei então quantos pedaços e quantas letras tinha a palavra janeiro. Os alunos bateram palmas para cada sílaba e contaram três sílabas e sete letras.

Perguntei em seguida quem tinha a palavra fevereiro. Depois de contar suas letras e sílabas, indaguei à turma se havia alguma palavra dentro de fevereiro. Uma aluna respondeu "feijão". Reconheci que começavam parecido, mas chamei atenção para o F-E. Expliquei que colocando um acento fica a palavra fé.

Fizemos o mesmo com a palavra março. Dona Lourdes identificou que dentro dela tinha a palavra mar.

Quando chegou abril, Pedro soletrou cada letra e escrevi a palavra no quadro. Perguntei qual era o primeiro pedaço de abril e se conheciam outras palavras que começavam com aquele pedaço. Os alunos disseram várias palavras: abacaxi, acerola, alicate que anotei fazendo uma lista, no quadro. Manuel respondeu "bombril" quando perguntei se conheciam uma palavra que terminasse com o mesmo sonzinho de abril.

Para a palavra maio, depois de terem soletrado e contado as sílabas, pedi que me dissessem outros nomes começando com o MA de maio. Foram muitas as respostas que anotei: Maria, Madalena, Marinete, Marilda. Dona Joana, que estava com hipótese silábica disse "acerola". Observei que maio não começa com o A, mas com M-A.

Quando chegamos em julho, pedi que me dissessem outras palavras começando com o mesmo pedaço. Um aluno disse "Juliana". Dona Joana, raciocinando do mesmo jeito que comentei há pouco, disse "uva". Expliquei que uva começa com U e que julho tem U, mas tem uma letra antes. Ela então me disse a palavra "ajuda".

Lemos a ficha de agosto, soletramos e contamos suas sílabas. Quando perguntei se conheciam alguma palavra que terminasse parecido, Djalma disse "desgosto".

Quando todos os meses já haviam sido escritos, perguntei: que meses terminavam com o mesmo pedaço, quais meses tinham a mesma quantidade de sílabas e de letras, quais tinham o mesmo número de letras, mas diferentes números de sílabas, quais tinham o mesmo número de sílabas, mas diferentes números de letras.

Em seguida, perguntei quem eram os aniversariantes de cada mês e chamei os aluno para vir escrever seus nomes no quadro. Após o quadro dos aniversariantes do mês ficar pronto, pedi que o copiassem no caderno.

Conciliando a atividade de produção e leitura de um gênero textual real (lista de aniversariantes de cada mês) com uma rica atividade de reflexão metafonológica, a docente revelou uma série de cuidados na hora de desafiar seus alunos a pensar sobre os nomes dos meses do ano e sobre seus nomes próprios. Ela conseguiu que eles praticassem distintas habilidades metafonológicas – como a identificação de palavras que rimam, com aliteração inicial e a existência de palavras dentro de palavras –, ao mesmo tempo em que refletiam sobre as formas escritas das palavras em jogo, tanto antecipando mentalmente as letras de que precisariam para notá-las, como podendo ler e comparar, ao final, as palavras registradas.

Os alunos eram chamados a refletir sobre as quantidades de letras e sílabas, bem como sobre a ordem das letras, o que é fundamental para que avancem na descoberta ou consolidação de uma hipótese alfabética. Por sua vez, os alunos que já escreviam alfabeticamente puderam focar questões ortográficas específicas, para as quais nem sempre estão atentos, no quotidiano.

As formas de promoção da consciência fonológica podem e devem ser variadas e assumir um sentido prazeroso. Quer explorando textos "especiais", porque privilegiam a dimensão sonora das palavras, quer usando jogos de palavras ou refletindo sobre palavras extraídas de textos que ajudam a ampliar "os conhecimentos da esfera do letramento", nossa proposta é ajudar os jovens e adultos a, simultaneamente, desenvolver sua consciência fonológica, beneficiando-se da notação escrita e a avançar na compreensão sobre como o alfabeto funciona.

Referências

BRADLEY, L.; BRYANT, P. Categorizing sounds and learning to read – a causal connection. *Nature*, 301, 419-421, 1983.

BRADLEY, L.; BRYANT, P. *Children's Reading Problems*. Oxford, Blackwell, 1985.

CARRAHER, T.; REGO, L. L.B. O realismo nominal como obstáculo na aprendizagem da leitura. *Cadernos de Pesquisa*, 39: 3-10, 1981.

DEBYSER, F. Les jeux du langage et du plaisir. In caré, J-M; DEBYSER, F. *Jeu, langaje et créativité*. Paris: Hachette, 1991.

CAVALCANTI, A. P.; COSTA, C.; MORAIS, A. A consciência fonológica em turmas de EJA do Programa Brasil Alfabetizado. 2004. Trabalho de Conclusão de Curso. (Graduação em Pedagogia) - Universidade Federal de Pernambuco.

FERREIRO, E. *Reflexões sobre alfabetização*. São Paulo: Cortez, 1985.

FERREIRO, E. A escrita antes das letras. In: SINCLAIR, H. (Org.) *A Produção de Notações na Criança*. São Paulo: Cortez, 1989.

FERREIRO, E. Escrita e oralidade: unidades, níveis de análise e consciência metalingüística. In: FERREIRO, E. (Org.). *Relações de (in)dependência entre oralidade e escrita*. Porto Alegre: Artmed, 2003.

FERREIRO, E.; TEBEROSKY, A. *Psicogênese da língua escrita*. Porto Alegre: Artes Médicas, 1986.

FREITAS, G. C. M. *Consciência Fonológica e Aquisição da Escrita*: um estudo longitudinal. Porto Alegre, PUCRS .Tese (Doutorado em Letras), 2004.

GOUGH, P.; LARSON, K. A estrutura da consciência fonológica. In CARDOSO-MARTINS, C. *Consciência fonológica e alfabetização*. Petrópolis: Vozes, 1995.

LEAL, T.F.; MENDONÇA, M.; MORAIS, A.G; LIMA, M.B.Q. *Jogos e Brincadeiras no Ensino da língua Portuguesa.* MEC-SEB-SEAD/UFPE, 2006.

GRANJA, E.; MORAIS, A. *A apropriação do sistema de escrita e a consciência fonológica no contexto da alfabetização de adultos.* Trabalho supervisionado. Universidade Federal de Pernambuco.

MORAIS, A.G. A apropriação do sistema de notação alfabética e o desenvolvimento de habilidades de reflexão fonológica. *Letras de Hoje*, Porto Alegre, v. 39, n. 3:35-48, 2004.

MORAIS, A. G. Se a escrita alfabética é um sistema notacional (e não um código), que implicações isto tem para a alfabetização? In MORAIS, A.; ALBUQUERQUE, E.; LEAL, T. *Alfabetização: apropriação do sistema de escrita alfabética.* Belo Horizonte: Editora Autêntica, 2005, p. 29-45.

MORAIS, A G.; LIMA, N. C. Análise fonológica e compreensão da escrita alfabética: um estudo com crianças da escola pública. *Anais do Simpósio Latino-Americano de Psicologia do Desenvolvimento.* Recife, p. 51-54, 1989.

MORAIS, A. G. Consciência fonológica e metodologias de alfabetização. *Presença pedagógica*, 70:58-67, 2006.

MORAIS, A. G.; LEITE, T. S. Como promover o desenvolvimento das habilidades de reflexão fonológica dos alfabetizandos? In: MORAIS, A.; ALBUQUERQUE, E.; LEAL, T. *Alfabetização: apropriação do sistema de escrita alfabética.* Belo Horizonte: Editora Autêntica, 2005, p. 71-88.

MORAIS, J. et al. Does awareness of speech as a sequence of sounds arise spontaneously? *Cognition.* 7:323-331, 1979.

STANOVICH, K. E. Mathew effects in reading: some consequences of individual differences in the acquisition of literacy. *Reading Research Quarterly*, XXI:360-407, 1986.

TEBEROSKY, A. As infiltrações da escrita nos estudos psicolingüísticos. In FERREIRO, E. (Org.). *Relações de (in)dependência entre oralidade e escrita.* Porto Alegre: Artmed, 2003.

VERNON, S.; FERREIRO, E. Writing Development: a neglected variable in the consideration of phonological awareness. *Harvard Educational Review*, 69, 395-415, 1999.

VEVER, D. Jeux sur les mots, jeux avec les mots. In: CARÉ, J-M; DEBYSER, F. *Jeu, langaje et créativité.* Paris: Hachette, 1991.

Capítulo 4
Os textos na alfabetização de jovens e adultos: reflexões que ajudam a planejar o ensino

Telma Ferraz Leal
Eliana Borges Correia de Albuquerque
Leila Britto de Amorim

**Por que você voltou a estudar?
O que você gostaria de aprender na escola?**

> A leitura. Principalmente [...]. Tenho muito esse sonho, não quero ser advogada, jornalista, nem médica, mas quero aprender a ler (Marcela, 50 anos).
>
> A escrever. Escrever tudo. [...] Tem coisas que acontece comigo e eu gostaria tanto de escrever. Você sabe que a gente não tem amizades das pessoas, quer desabafar. Aí sente a necessidade de escrever, aí escrevo coisas que acontecem, eu queria escrever tudo, né? Mas tem algumas coisas que não sei (Ana Claudia, 33 anos).
>
> Falar e escrever. [...] Tem que saber se expressar nos locais. Eu sei, mas eu quero aprender mais. Numa entrevista de um emprego tem que saber (Jonas, 27 anos).

Os depoimentos acima retratam as expectativas dos alunos da modalidade Educação de Jovens e Adultos ao que gostariam de aprender na escola. Tais anseios foram identificados e analisados em uma pesquisa que buscou investigar as expectativas de 20 alunos da modalidade Educação de Jovens e Adultos, de uma escola da Rede

Municipal de Ensino do Recife, em relação ao que queriam aprender na escola (Cf. AMORIM, 2009). Em suas respostas, os estudantes deram ênfase ao eixo da leitura, seguido da escrita, oralidade e análise linguística. A aprendizagem da escrita foi o objetivo citado com maior frequência pelos alunos, que alegaram diferentes motivos para tal tipo de resposta.

> Primeiramente, vimos que os anseios dos alunos em relação à escola, de forma geral, estão relacionados às suas experiências de vida, necessidades diárias, inserção em algumas práticas sociais, maior autonomia para realizar determinadas atividades, dentre outros. [...] Nesse sentido, verificamos que os alunos em seus discursos evidenciaram que querem: maiores chances de se inserir no mercado de trabalho através dos estudos, ampliação de participação em espaços de maior status nas práticas religiosas, familiares, trabalhistas, maior autonomia nas situações em que a escrita é presente, maior status social, enfim, suas falas remetem a questões políticas, econômicas e sociais.
>
> Observamos também que suas expectativas em relação ao que desejam aprender na escola estão interligadas a situações em que os sujeitos se sentiram diminuídos socialmente. Esse sentimento resulta de representações construídas socialmente [...], que atribuem às pessoas que não sabem ler e escrever uma visão do "pobre incapaz", que tendo em vista o prestígio que a sociedade confere à leitura e à escrita, são submetidos à depreciação e à vergonha (AMORIM, 2009, p. 91-92).

Percebemos, portanto, a grande importância dada pelos jovens e adultos às habilidades necessárias ao domínio autônomo da leitura e da escrita. Como podemos perceber, suas motivações nem sempre são relativas a dificuldades para lidar com os problemas concretos da vida cotidiana. Muitas vezes, são desejos relativos: ao direito de agir com autonomia em situações em que a escrita está presente, sem precisar da mediação de outras pessoas; ao direito de ter privacidade, ou seja, de ter acesso a textos sem que outras pessoas também conheçam seus conteúdos; à inserção social sem serem discriminados; ao sentimento de inclusão e valorização social, já que os que não sabem ler e escrever são tidos como pessoas menos capazes na nossa sociedade. A escolarização, portanto, significa, para muitos desses jovens, a oportunidade de ter acesso aos bens culturais e à valorização social resultantes do domínio da leitura e da escrita.

A escola, desse modo, tem um importante papel a cumprir, ao favorecer o acesso a tais tipos de habilidades. É claro que a escola não tem apenas esta função, mas sem dúvida, a tarefa de ensinar a produzir e compreender textos é complexa e pode favorecer muitas outras aprendizagens e vivências na vida dos jovens e adultos. Concebemos, assim como Tura (2005, p. 150), que:

> A escola é um local privilegiado de troca de ideias, de encontros, de legitimação de práticas sociais, de interação entre gerações, de articulação entre diversos padrões culturais e modelos cognitivos.

As aprendizagens que são favorecidas quando boas situações didáticas envolvendo compreensão e produção de textos são desenvolvidas são variadas e trazem muitos tipos de impactos na vida diária dos que buscam o retorno ao espaço escolar. Por tal motivo, objetivamos, neste capítulo, refletir um pouco sobre o ensino da compreensão e produção de textos orais e escritos.

A leitura na alfabetização de jovens e adultos

> Aprender a ler e escrever. É o mais importante pra mim. [...] Pra melhorar mais. [...] A pessoa quer fazer uma carta sozinho. [...] Pra ler a Bíblia, livros da igreja, da escola, do trabalho... No trabalho é assim... Tem que medir coisas, ler produto... ver os metros. [...] (Jonas, 27 anos).
>
> Tenho que estudar para aprender um pouco mais a ler. Tenho dificuldade de ler. Também quero voltar a trabalhar [...] e dar alguma coisa melhor a minha filha (Joana, 21 anos).
>
> Aprender nomes de ônibus, ruas. É porque é muito importante pra mim. É o mais que eu quero. [...] Aprender a ler. O meu desejo é fazer cursos (Maria, 51 anos).
>
> A gente, sabendo ler, vai pra qualquer canto. O endereço... Já sabe ler. Porque tem gente que explica, mas têm outros que dá fora. Fala assim: 'Rapaz! É tão velha e não sabe ler'. Aí é chato, né? (Bernadete, 43 anos).
>
> Na leitura. A pessoa não sabe ler e chega ao ponto de não se desenvolver. Não tá pedindo nada a ninguém. Tu lê isso aqui

pra mim, não é? Tem palavras que a gente só quer ficar pra gente, aí o outro fica sabendo (Maria, 51 anos).

Tem que ler e entender, professora. Todo dia eu leio a Bíblia devagar e medito. Quero ler e entender mais. É muito importante, professora, ler e compreender. A gente ler e não entender nada, não adianta de nada (Sandra, 77 anos).

Os estudantes afirmaram, como já mostramos, que uma das principais razões para o retorno às atividades escolares era o desejo de aprender a ler. Em suas respostas, os jovens e adultos mostraram muito claramente que suas buscas, por meio da leitura, eram de ter acesso a situações variadas. Eles tinham clareza sobre as diferentes finalidades de leitura e queriam que a escola proporcionasse condições para que eles pudessem ler diferentes materiais escritos, em diferentes situações, para atender a diferentes finalidades. As respostas dos alunos foram categorizadas em quatro tipos de expectativas em relação à aprendizagem da leitura.

Ao relatarem suas perspectivas em relação à aprendizagem da leitura, verificamos que diferentes focos e interesses foram contemplados, tais como:

(1) a apropriação de habilidades de leitura para ler com autonomia em situações do cotidiano;
(2) a aquisição da leitura para participar de diferentes situações, ampliando conhecimentos, e, consequentemente, tendo maiores chances de se inserir no mercado do trabalho, espaços religiosos, enfim, espaços sociais diversos;
(3) compreensão aprofundada dos textos, evidenciando, nas situações sociais, que detém saberes e é capaz de influenciar outras pessoas por meio de suas habilidades;
(4) domínio da leitura para que a sociedade o reconheça como uma pessoa capaz, valorizando-a e respeitando-a (AMORIM, 2009, p. 92).

Para atendermos aos desejos manifestados pelos estudantes, precisamos inserir a leitura na rotina diária da sala de aula, variando as atividades e os textos a serem lidos. Obviamente que, em se tratando de turmas que ainda não sejam alfabetizadas, as atividades de leitura de textos precisam ser feitas de modo paralelo às atividades voltadas para a apropriação do sistema alfabético de escrita. Além disso, as atividades de leitura de textos podem, também, auxiliar no próprio processo de alfabetização. Desse modo, diferentes objetivos didáticos e tipos de atividades podem estar associados ao trabalho com leitura em sala de aula.

Um dos objetivos didáticos do trabalho com leitura na alfabetização de jovens e adultos é o próprio aumento de repertório textual dos indivíduos e a ampliação de conhecimentos relativos a diversas temáticas. Despertar o desejo pela leitura, levando os estudantes a buscarem novos textos, a criarem intimidade com diferentes gêneros discursivos, é uma meta central no processo de alfabetização.

Para dar conta de tais propósitos, podemos sugerir ao professor a leitura cotidiana de textos, seguida de conversas informais sobre seus conteúdos. A professora Patrícia Morais nos conta que sempre iniciava a aula com uma leitura ou música. Em um determinado dia, resolveu ler o poema "Eu, etiqueta", de Carlos Drummond de Andrade. Esse poema fazia parte de um livro da coleção "Para Gostar de Ler, que todos os alunos tinham recebido. Antes do início da leitura, ela leu o título e fez questionamentos sobre a temática do poema. Depois da leitura, explorou algumas colocações do autor. Ela nos relata que:

> Tal texto foi escolhido por dois motivos: os alunos em outra atividade conheceram um outro poema de Drummond e gostaram muito, resolvi assim repeti-lo em outra temática; também o fato de o texto abordar algo que é bem comum entre os alunos, pois os mesmos geralmente exibem "anúncios". Foi interessante notar o reconhecimento deles quanto à anulação citada pelo autor e a observação feita por alguns sobre o status que a etiqueta pode lhe proporcionar (Patrícia Morais, alfabetizadora do Programa Brasil Alfabetizado, Recife).

Iniciar a aula com a leitura de um texto em voz alta pelo professor é uma boa estratégia para darmos acesso a autores que eles desconheçam e aos poucos passem a conhecer; a gêneros discursivos que eles não tenham familiaridade; a temáticas que eles possam aprofundar. A leitura pelo professor também pode fornecer ao estudante um modelo de leitor fluente. Com o passar do tempo, o professor pode sugerir que os alunos leiam em voz alta para a turma, sem, obviamente, forçá-los a isso e sem constrangê-los. Depoimentos de alunos da Educação de Jovens e Adultos evidenciam o quanto uma boa escolha dos textos pode causar impactos positivos na formação dessas pessoas:

> Eu gostava dos textos dela, ela sentava ali e lia os textos. Ela era acostumada a trazer jornal, quando acontece uma notícia, ela traz. Ela gosta de poema, era cada poema lindo (Aluna da professora Jéssica Dantas, do Programa Brasil Alfabetizado, Recife).

> Outra hora ela leu de Pedro e de João que foi pra Portugal buscar Maria, e Maria não quis casar com ele. Ela lia muita história bonita, poesia bonita (Aluna da professora Rachel Menezes Freitas, do Programa Brasil Alfabetizado, Recife).

Essas alunas expressaram o quanto a atividade de leitura de bons textos pela professora era visto como um momento de prazer e de encantamento. Obviamente, este é um dos objetivos desse tipo de atividade: encantar, provocar desejo de ler. Mas, essa leitura feita pelo professor ou pelos alunos pode ser ter também outros propósitos e pode ser realizada de diferentes maneiras. Uma forma muito interessante é a leitura antecedida por questões. Perguntar ao grupo se conhecem o autor do texto, e falar sobre ele; se já viram algum texto parecido com o que vai ser lido; se imaginam do que o texto vai tratar, após a leitura do título ou exploração das imagens e/ou suportes textuais, faz com que os estudantes desenvolvam as habilidades de elaborar hipóteses sobre os sentidos do texto e ativar conhecimentos prévios relevantes para a compreensão. As questões após a leitura do texto, para verificação das hipóteses iniciais também enriquecem o trabalho.

Outra estratégia interessante é a leitura protocolada. O professor pode fazer pausas entre partes do texto, para pedir aos estudantes que digam o que entenderam do trecho lido ou para que imaginem o que será dito adiante. Por meio desses tipos de questionamentos, podemos ajudar os alunos a aprender a sumarizar conteúdos textuais, articulando partes do texto, e a antecipar sentidos com base no próprio texto.

Após a leitura, podem ser feitas intervenções levando os alunos a sumarizarem o texto lido ou a comentarem sobre o que gostaram ou não gostaram, ou para responderem questões propostas sobre ele. Tais tipos de atividades também são importantíssimas, pois estimulam o desenvolvimento da capacidade de apreender sentidos gerais do texto com base em estratégias de sumarização; a emitir opinião própria sobre o texto, além de outras habilidades, estimuladas por meio de questões diversas a serem respondidas individualmente, em duplas, em pequenos grupos ou em grande grupo. O relato apresentado a seguir apresenta uma atividade de leitura protocolada de uma história, que contou com a participação de todos os alunos.

A professora Vânia Maria das Chagas realizou uma atividade de leitura protocolada do texto "A velha contrabandista", de Stanislaw Ponte Preta. Primeiro ela leu o título e pediu para os alunos anteciparem o enredo da história (O texto vai falar de quê? Quem era essa velha contrabandista? O que ela contrabandeava?). Em seguida, ela começou a ler o texto, e durante a leitura, fazia perguntas para que os alunos antecipassem o que ia acontecer, como pode ser observado no seguinte extrato de aula:

Professora: ... "Diz que era uma velhinha que sabia andar de lambreta. Todo dia ela passava pela fronteira com um saco atrás da lambreta". O que será que tinha dentro do saco?

Aluno: CD pirata.

A professora continuou a ler a história. Em um momento seguinte, perguntou aos alunos:

Professora: O que será que ela respondeu ao guarda?

Aluno: "Eu levo roupa, levo comida".

Aluna: Eu acho que ela disse assim: Não é da sua conta.

A professora continuou a ler o texto. Todos os alunos estavam concentrados e interessados na história. Ao escutar da professora, que lia a história, que "durante um mês seguido o fiscal interceptava a velhinha e todas as vezes ela carregava areia", uma aluna comentou:

Aluna: Um mês seguido ela carregando um saquinho de areia é equivalente a um caminhão, minha gente. E os alunos riram.

Todos se mostravam interessados em descobrir o final da história. Antes do final da história, ao ler que a velhinha disse ao guarda o que ela contrabandeava, novamente a professora pediu para que os alunos antecipassem a resposta. Muitos deram sua opinião, mas nenhum acertou. Eles ficaram surpresos quando a professora leu que a velha contrabandeava as lambretas. Um aluno comentou: "Eita, chegou no meu pensamento que podia ser a lambreta que ela passava todo dia ali". Uma outra aluna comentou: Então todo dia ela roubava uma lambreta. Os alunos gostaram muito da leitura do texto e interagiram bastante durante a atividade (Vânia Maria das Chagas, Programa Brasil Alfabetizado, Recife, 2004).

Em situações como essa, é importante que o professor conheça o texto, para que saiba quais questões serão feitas. Um bom planejamento da exploração do texto pode favorecer que diferentes dimensões do texto sejam foco de atenção.

Tal planejamento favorece também a diversificação dos tipos de questões a serem elaboradas tanto na interpretação oral quanto na interpretação escrita dos textos. As perguntas de localização de informações, sem dúvida, são muito importantes, mas outros tipos de questões são também indispensáveis a um bom trabalho com leitura. Elaborar inferências, estabelecer relações entre partes do texto, identificar pistas gramaticais para articular partes do texto, são capacidades necessárias à formação de um bom leitor.

Isabel Solé (1998), na obra Estratégias de leitura, discute sobre a importância de cada uma das estratégias descritas acima, apresentando sugestões valiosas para a condução do ensino da leitura.

Além do foco nas diferentes estratégias de leitura, é também necessário variar os tipos de finalidades para a leitura dos textos, tal como propusemos em outra obra (LEAL; MELO, 2006):

> Ler para divertir-se, para relaxar, para apreciar (contos, poemas, piadas...);
>
> Ler para conhecer as mensagens enviadas por outras pessoas (cartas pessoais, cartas de leitores, e-mails...);
>
> Ler para orientar-se como realizar atividades diversas (instruções de montagem de equipamentos, receitas culinárias, instruções de uso de eletrodomésticos...);
>
> Ler para informar-se (reportagens, notícias, relatos históricos, textos didáticos...);
>
> Ler para escrever (seus próprios escritos, no momento de revisão em processo ou revisão final);
>
> Ler para aprender a ler (textos diversos, que circulam na escola).

O relato de Alery Felinto de Santana, relativo a uma atividade envolvendo leitura para busca de informações, pode ilustrar situações em que os alunos leem não apenas para responder perguntas, mas também para realizar outras atividades.

> No dia 21.01.04 aconteceu o primeiro passeio da turma do Sport direcionado ao cinema do Parque [...], a fim de assistir ao filme: Lisbela e o Prisioneiro. [...] A ida ao cinema do Parque foi motivada em aulas anteriores, nas quais descobri que a maioria deles nunca tinha entrado em um cinema. Foi feita a leitura de uma notícia do caderno C do Jornal do Comércio, de 4 de janeiro de 2004, que tinha como manchete: "Parque tem número Record de espectadores". A partir do título, procurei saber quais os conhecimentos prévios sobre a manchete lida. Então a notícia foi lida e eles verificaram que o Parque, neste caso, era, na verdade, o "tal cinema"! que ficava na cidade e custava apenas R$ 1,00, ou seja, era cultura acessível a todos. Discutimos sobre a beleza e a arte do cinema, falamos sobre filmes e artistas conhecidos deles. A notícia dizia que os filmes brasileiros alcançaram no ano anterior altos recordes de bilheteria e que os mais vistos foram "Cidade de Deus", que um aluno já havia assistido e pôde nos contar um pouco do que achou, e Lisbela e o Prisioneiro (Alery Felinto Santana, alfabetizadora do Programa Brasil Alfabetizado, Recife).

Ler notícias para se informar; ler poemas, crônicas, contos para o deleite e discussão de algumas temáticas; ler textos instrucionais, como regras de jogos e receitas, para realizar uma ação específica. Não há dúvidas de que a leitura de textos diversos precisa ter um espaço garantido no cotidiano da sala de aula e da escola. Nas turmas de EJA, os diversos depoimentos de professores nos mostram que os alunos se envolvem com tais atividades e, em muitos casos, passam também a trazer textos para serem lidos na sala de aula.

A produção de textos na alfabetização de jovens e adultos

> Escrever. Assim... Agora assim... Todo mundo tem telefone, celular. Não precisa ninguém ficar entregando bilhetinho a

fulano, não. Mas às vezes precisa deixar um bilhete. Saio de casa e quero deixar um recado na geladeira: 'olha eu vou pra tal lugar...', né isso? (Joaquina, 62 anos).

Eu quero aprender a ler sozinho e a fazer poesias. [...] Eu não sei ainda, mas tô tentando pra conseguir. Poesias e cartas também (Jonas, 27 anos).

Escrever bem o português. Saber como se escreve o português para fazer cartas, bilhetes. Aprender a escrever correto as palavras (Pedro, 57 anos).

Em relação à aprendizagem de produção de textos escritos, como já foi dito, os estudantes entrevistados também manifestaram grande interesse. Na classificação de suas respostas foram observados diferentes tipos de expectativas, que estavam ligados ao interesse pela aprendizagem de produção de textos.

Em relação aos desejos dos alunos em relação à escrita, constatamos que alguns entrevistados buscam também uma diversidade de interesses:

(1) a aquisição de habilidades de escrita para fazer uso autônomo da mesma em situações reais de uso no ambiente profissional, familiar, dentre outros, e consequentemente, participar de espaços sociais diversos;

(2) o domínio da norma padrão para o desenvolvimento de uma "escrita correta" para maior valorização de seus escritos e, assim, menor distanciamento frente ao prestígio atribuído à pessoa que domina a norma padrão;

(3) a habilidade de usar a escrita para expressar seus sentimentos, desejos, emoções, em escritos poéticos e diários pessoais;

(4) a habilidade de usar a escrita com autonomia para garantir sua intimidade em situações de interação em que deseja sigilo e recatamento (AMORIM, 2009, 93).

Para atender a todas essas expectativas, é necessário, sobretudo, promover variadas situações de escrita, em que os estudantes possam interagir por meio da escrita, atendendo a diferentes finalidades, exercendo diferentes papéis sociais, intervindo na sociedade.

Mais uma vez, alertamos que, no caso dos jovens e adultos que ainda não estão alfabetizados, as atividades de produção de textos também se prestam a promover a apropriação do sistema alfabético de escrita, mas é preciso considerar que há outras habilidades a serem construídas, de modo paralelo ao trabalho de alfabetização.

Os estudantes precisam aprender a organizar textos variados, adequados aos seus propósitos e aos leitores pretendidos. Precisam aprender a mobilizar/ativar conhecimentos relativos às temáticas e aos gêneros discursivos; selecionar o que dizer; selecionar o vocabulário mais adequado à situação; estruturar os parágrafos e períodos; organizar sequencialmente os textos, utilizando recursos coesivos variados; adequar o nível de formalidade, dentre outros.

Para dar conta de tantas dimensões, os alunos precisam aprender a planejar os textos e a revisá-los. Assim, o planejamento precisa contemplar atividades que deem conta dessas muitas habilidades, sem, no entanto, minimizar a importância da escrita como processo de interação. Por isso, na escola é preciso propiciar muitas situações de escrita que se assemelhem às situações vivenciadas fora da escola, com prioridade àquelas em que os alunos de fato sejam agentes de intervenção social, ou seja, possam interagir para além dos muros da escola, defendendo seus direitos, consolidando suas identidades, lutando pelas transformações nas quais acredita.

Considerando tais necessidades, defendemos, em um artigo anterior, que,

> como qualquer outra esfera de interação, a escola é espaço de disputas, de poder, de convivência. Nela, as pessoas se comunicam e usam a linguagem para causar efeitos de sentido. Experiências acumuladas em outros espaços sociais são resgatadas como ponto de partida para a participação nas situações escolares. Propor atividades semelhantes às que acontecem fora da escola é fundamental, portanto, em razão de dois principais motivos:
>
> (1) Favorecem o resgate dos conhecimentos prévios para possibilitar novas aprendizagens;
>
> (2) Dão sentidos às situações de escrita, ajudando os alunos a utilizar o que aprendem na escola em outros espaços sociais (LEAL, 2008, p. 63).

Uma atividade com tais características foi conduzida pela professora Priscila Ximenes, ao propor a elaboração de cartões de natal.

Comecei a atividade perguntando o que as alunas achavam de mandar e receber cartões na época de natal e ano novo. Em geral, elas me falaram que era um gesto muito importante, porque demonstra o quanto a gente gosta de alguém, disseram que para mandar os seus cartões elas sempre pedem para alguém escrever e quando não se sentem a vontade com a pessoa que escreve, não mandam ou mandam só assinando. Porém, gostam muito de receber e que até tentam ler os cartões, mas na maioria das vezes pedem a alguém para ler.

Mostrei alguns cartões de natal que eu tinha recebido de uns amigos. Li as mensagens e dedicatórias e pedi que me falassem um pouco da diferença entre esses cartões. E, com facilidade, disseram que a mensagem tinha o mesmo sentido (desejar paz, alegria, etc), mas o que as pessoas escreveram era diferente.

Então, mostrei os cartões que eu havia feito para elas mandarem para quem quisessem e a partir do meu exemplo falei que tinham que dedicar os cartões também.

Cada aluna escolheu dois cartões, algumas precisaram da minha ajuda para ler as mensagens. Falei para escreverem a dedicatória primeiro no caderno e que tentassem escrever sozinhas, depois fiz a correção de uma por uma (fui pedindo que lessem o que tinham escrito e fomos pensando nas letras que estavam faltando ou que estavam trocadas e onde uma palavra começava e terminava). Por fim, elas passavam as dedicatórias para o cartão.

Logo após esses cartões prontos, sugeri que nossa turma enviasse um cartão para a igreja (onde temos nossa aula) e outro para a coordenação do projeto. Sendo a ideia aceita, fizemos as dedicatórias coletivamente no quadro e cada uma copiou um pouco no cartão.

Esta foi uma experiência muito agradável, pois, apesar de terem se esquivado muito no início da atividade, elas sentiram uma satisfação imensa em mandar seus cartões sem constrangimentos (Priscila Ximenes, professora do Programa Brasil Alfabetizada, Recife).

Nesta atividade, os alunos que ainda não dominavam a escrita alfabética puderam ter o auxílio da professora. Como as finalidades de escrita estavam claras e os destinatários eram pessoas que não participavam do grupo classe, a revisão dos textos foi levada muito a sério, pois as alunas queriam que os leitores apreciassem seus textos. Retomamos, desse modo, a ideia de que o atendimento à normatividade na escrita dos textos é uma das exigências dos alunos em relação ao que esperam da escola. A revisão, assim, deixa de ser apenas uma exigência formal da escola e passa a fazer parte dos requisitos para que os efeitos de sentido pretendidos sejam satisfeitos, considerando-se os interlocutores.

Outro aspecto interessante da experiência relatada por Priscila é que ela levou outros textos para eles analisarem. Assim, eles puderam refletir sobre como outras pessoas escrevem cartões, que recursos utilizam para isso. Corti e Vóvio (2007) alertam sobre tal questão:

> Expor os educandos a variados textos e situações de produção, analisar e refletir sobre esses textos são estratégias fundamentais nessa etapa. Não basta que observem e copiem um determinado texto. É preciso que realizem um trabalho de reflexão sobre sua forma e feitio – por exemplo, sobre o tipo de letra, se há imagens ou não e para que servem, quais termos, expressões e palavras comuns àquele texto, o estilo empregado, se tem um tom informal ou mais formal, onde foi publicado, etc. (CORTI; VÓVIO, 2007, p. 65).

A opção por um trabalho em que os estudantes produzem textos variados, após realizarem atividades de leitura e reflexão sobre o gênero também foi feita pelas alfabetizadoras Ana Cláudia Libânio, Ana Lúcia Bernardo Lopes e Cristina Sabino Sales, sob orientação da formadora Ana Catarina Cabral. Unindo preocupações relativas à temática preservação do meio ambiente e à ampliação do letramento dos estudantes, as professoras organizaram uma sequência que foi distribuída em sete etapas: (1) reflexões sobre o que é cordel, com mobilização de conhecimentos prévios sobre o gênero; (2) leitura de cordel, com discussão sobre as diferenças entre cordel e repente; (3) pesquisa sobre a história do cordel; (4) visita de um cordelista para conversar sobre a estrutura do cordel; (5) Leitura e interpretação de cordéis coletivamente; (6) análise de xilogravuras, com discussão sobre as finalidades da xilogravura; (7) leitura de um cordel sobre a preservação do canal do Ibura e produção de cordel sobre o mesmo tema.

Esse projeto teve origem a partir da necessidade dos alunos discutirem a importância da preservação do meio ambiente e dos direitos e deveres dos mesmos enquanto cidadãos. Para isso, as professoras do programa Brasil Alfabetizado da comunidade do Moxotó, no Ibura de Baixo, incentivaram seus alunos partindo da temática "Arte e Comunicação" a analisarem e produzirem um cordel sobre a importância da preservação do canal do Ibura nessa comunidade (Ana Catarina Cabral, formadora do Programa Brasil Alfabetizado, Recife).

Outra situação de ensino de produção de textos orientada pela formadora Ana Catarina Cabral foi desenvolvida pelas professoras Ana Lúcia de Freitas Nascimento e Joseane Guilhermino do Nascimento. A experiência vivenciada envolveu a produção do gênero currículo, realizada após a reflexão sobre como se estrutura tal gênero.

> Em uma das nossas aulas trabalhamos com o currículo. Pois tinha como objetivo fazer com que os alunos identificassem a estrutura de um currículo, conhecessem a importância do currículo e conseguissem criar seu próprio currículo. Comecei a aula fazendo a leitura de um currículo, logo depois expliquei a importância de um currículo para o trabalhador e perguntei se alguém já tinha feito um currículo. As alunas, apesar de procurarem muito emprego, nunca tinham feito um currículo, mesmo assim, arriscaram dizer que o currículo era para procurar emprego, mas não souberam explicar sua estrutura. Então, passei de mão em mão o currículo que eu tinha lido. Depois propus a produção de um currículo pelas alunas. Assim traçamos um roteiro do que deveria conter em um currículo.

É interessante esta proposta didática, sobretudo, pela interface que estabelece com o mundo do trabalho, muito central na vida dos jovens e adultos. Essa sequência, assim como a de produção do cordel e a de produção de cartões de natal se assemelham por propiciar a escrita de textos que têm finalidades claras, destinatários delimitados e por terem sido produzidos em situações em que reflexões sobre a situação de escrita, sobre as temáticas e as características do gênero foram propiciadas. São essas dimensões das situações didáticas que conferem a elas a riqueza e o potencial para que a aprendizagem ocorra. Além dessas, sem dúvida, outras questões podem ser levantadas, como a importância da mediação dos professores para o desenvolvimento das estratégias de planejamento e de revisão textual.

Enfim, os exemplos citados são referências para pensarmos em alguns fatores que fazem de uma atividade uma proposição didática favorável à construção de saberes e ao desenvolvimento de habilidades que fortaleçam as identidades dos jovens e adultos. Outros exemplos poderão ser analisados no capítulo 7 desta obra, quando relatos de professores e proposições de sequências didáticas serão discutidos.

A oralidade na alfabetização de jovens e adultos

> Escrever textos e as palavras mais corretas pra quando arrumar um emprego e o jeito de falar no trabalho, porque isso conta. A pessoa tem que saber falar nos ambiente e não falar errado (Rosa, 39 anos).
>
> Eu quero aprender a me expressar, como eu já disse, a falar direitinho, a me expressar [...] [...] Tem muitas coisas que eu falo errado e quero aprender. Minha patroa fala: assim não. Eu estou me interessando mais pra aprender a falar. Ela diz: Ana pelo amor de deus não fala assim, não. É assim: não é mulé, é mulher. Eu gosto. Sempre que eu falo errado, ela me corrige. É bom pra mim, né? [...] Ela diz: Ana, quando você chega aqui, fala tudo errado. É a convivência, minha filha. Depois que você está aqui, aí você fala direitinho. Mas quando você vai pra casa que volta, fala errado (Ana Claudia, 33 anos, relatando os motivos pelos quais gosta de Língua Portuguesa e exemplificando as necessidades de se falar correto).

Em relação ao eixo da oralidade, os jovens e adultos manifestaram a insatisfação com o preconceito linguístico presente em nossa sociedade, que impõe valores excludentes. Via de regra, os estudantes explicitavam que precisavam aprender a falar "corretamente". Obviamente, tal tipo de concepção é arraigada socialmente e eles parecem não ter a consciência de que, na verdade, o que se vem denominando de "fala correta" é apenas um modo de falar que se aproxima da variedade linguística prestigiada socialmente e que tal prestígio advém de fatores econômicos. Historicamente, o que foi adquirindo status social foi o modo como os grupos sociais mais favorecidos economicamente dominavam. Por não terem tal tipo de conhecimento, os alunos assumem-se como pessoas que não falam adequadamente.

Apesar desse tipo de expectativa, outra expectativa manifestada por alguns deles era de aprender esse outro modo de falar, para utilizá-lo nas situações em que socialmente se espera que tal uso ocorra. Assim, no que concerne à oralidade foram identificados nas falas dos sujeitos dois focos:

> (1) o anseio de aprender a "falar correto", de acordo com a situação de interlocução, pois o desenvolvimento da variedade culta, ou seja, que a forma de falar também confere posição social aos indivíduos;
>
> (2) o desejo de "falar correto" por não valorização das variações dialetais e crença de que falar certo é falar de acordo com norma de prestígio, corroborando para a construção de uma imagem marginalizada das pessoas que manifestam suas diferentes maneiras de falar.
>
> Os depoimentos dos alunos revelaram uma grande fragilidade no modo de se reconhecer como falante da língua portuguesa. Os estudantes desejam aprender a fala de prestígio para escaparem da discriminação, da estigmatização. Portanto, parece ser necessário inserir em sala de aula reflexões sobre o fenômeno da variação lingüística e sobre preconceito lingüístico. Tal condução, no entanto, não impede um trabalho em que os estudantes aprendam a usar a variedade padrão, dado que na sociedade, em várias situações, esse domínio é requerido (AMORIM, 2009, p. 94).

Propomos, portanto, que situações de discussão sobre variação e preconceito linguístico sejam promovidas, de modo a ajudar os alunos a fortalecerem suas identidades e autoimagens e entenderem melhor os processos de exclusão social porque passam. Dessa forma, o docente que tem clareza sobre essa dimensão da linguagem, e reconhece que os estudantes dominam a língua, embora utilizem, na maior parte das vezes, um modo de falar que tem diferenças mais marcantes em relação à variedade de prestígio, muda a postura em relação ao modo como intervém em sala de aula. Uma primeira mudança é a de maior respeito ao modo de falar dos estudantes, evitando correções desnecessárias em situações de discussões informais em sala de aula. Uma segunda mudança é a relativa à inserção de atividades de análise dessas diferenças, mostrando para os alunos que na verdade existem muitas variações e que nenhuma delas é mais legítima que a outra; outra mudança é a realização de discussões sobre o preconceito linguístico, ajudando os estudantes a tomarem consciência desse fenômeno social e combatê-lo; por fim, pode-se citar a disposição para propor situações variadas de uso da oralidade, em que os estudantes vivenciem a produção/ escuta de textos diversos, analisando em quais situações/gêneros há uma maior cobrança social do uso do dialeto de prestígio.

Além dessa dimensão do ensino da oralidade, outras podem ser citadas, imprimindo diferentes níveis de relações com o ensino da escrita. Na verdade, quatro focos centrais de trabalho nessa linha podem ser propostos:

- A reflexão sobre as relações entre fala e escrita;
- O ensino da oralização do texto escrito, com ênfase no controle dos recursos extralinguísticos;
- A reflexão sobre a variação linguística;
- A produção/compreensão de gêneros orais.

Em relação às reflexões sobre as relações entre oralidade e escrita, um dos objetivos didáticos a ser contemplado é a busca de desfazer alguns mitos acerca da dicotomia entre tais modalidades. Explicitar que, na verdade, a fala não é desorganizada ou assistemática como algumas pessoas pensam, é um dos focos do trabalho.

> Ainda no eixo da linguagem oral, são contemplados objetivos relativos à reflexão das relações entre fala e escrita, de modo a ajudar os alunos a perceber que existem semelhanças e diferenças entre os gêneros textuais, sejam eles orais ou escritos. É preciso levá-los a adequar seus textos, reconhecendo o que é apropriado ou não em cada ocasião e mesmo a violar as expectativas sociais, quando assim considerarem justo ou necessário, contanto que o façam de modo consciente, buscando prever quais são os efeitos dessa violação. Os alunos necessitam, ao tratar sobre essas diferenças, não traçar dicotomias formais entre oralidade e escrita e sim entre gêneros textuais. Precisam,

por exemplo, reconhecer que há semelhanças entre um texto oral, em que ensinam um colega a participar de uma brincadeira e um texto escrito, em que são divulgadas as instruções de uma brincadeira em um almanaque, e que há diferenças entre essas duas modalidades (LEAL; MORAIS, 2009).

Nessa perspectiva, pode-se enfocar o ensino de ações diversas, que podem ir desde as situações de oralização do texto escrito, em que a leitura em voz alta é a atividade central até as situações de retextualização, passando pelas situações em que as pessoas usam anotações e outros gêneros escritos (como slides ou cartazes em uma exposição oral) como apoio para a produção de textos orais; ou as situações em que assistem uma exposição oral ou outro gênero e precisam fazer anotações para usar as informações em outra situação.

As atividades de oralização do texto escrito, embora sejam mais voltadas para o eixo da leitura, também contemplam habilidades do eixo da oralidade, pois o leitor necessita, nesses casos, usar recursos tais como gestualidade, controle de voz, expressão corporal para imprimir sentidos aos textos. Em algumas situações, a oralização se dá no momento da leitura, mas em outras, o texto é memorizado, como nos recitais de poesia, jograis, peças teatrais. Muitas reflexões sobre recursos não linguísticos podem ser conduzidas nesses momentos.

As atividades de retextualização são aquelas em que os alunos transformam um texto escrito em oral ou vice-versa: ler uma receita e explicar oralmente como fazer a comida; ouvir uma instrução de jogo e escrever esta instrução; fazer uma entrevista oral e depois transformá-la em uma entrevista escrita. Nesses momentos, características da oralidade são colocadas em evidência, sem que sejam impostas dicotomias entre as modalidades.

Os focos de ensino citados anteriormente sem dúvida são muito importantes na aprendizagem, mas os objetivos relativos à produção/escuta de gêneros orais são centrais nesse eixo de ensino, sobretudo, os que estão presentes em esferas mais formais de interação. Atividades voltadas para o trabalho com entrevista de emprego; intervenção em assembléia, para defesa de pontos de vista; exposição oral; depoimento; dentre outras podem ampliar as capacidades de uso da oralidade pelos jovens e adultos, que muitas vezes sentem-se inseguros de participar de eventos menos familiares, porque se consideram pouco capazes de intervir socialmente em ambientes diversos. Tais tipos de aprendizagem podem ter impactos muito positivos na própria construção da autoestima dos alunos. Em trabalho anterior tais aprendizagens foram enfatizadas.

> A proposta geral que seguimos prevê, portanto, um trabalho sistemático de produção, compreensão de gêneros orais além da reflexão sobre eles. Diferentes situações de uso da oralidade são, portanto, contempladas, desde as mais informais, que dizem respeito às interações cotidianas para resolver os problemas escolares e dar conta das tarefas propostas nas diferentes áreas de conhecimento, quanto as mais formais, semelhantes às práticas não-familiares e não-escolares, como a realização de entrevistas, debates regrados, notícias radiofônicas, dentre outras. Nesses casos, espera-se que os alunos aprendam que as situações de fala pública precisam ser vivenciadas com estratégias de preparação. Assim, por exemplo, para realizar uma entrevista, a escola deve auxiliar os alunos, no que concerne à elaboração do roteiro de perguntas e antecipação de como irão tratar o interlocutor, que grau de formalidade irão adotar, etc. As apresentações ou recitações de textos, por sua vez, precisam ser ensaiadas, de modo a conseguir atrair e envolver, da melhor forma possível, a audiência (LEAL; MORAIS, 2009).

Conclusões

As reflexões realizadas neste capítulo objetivaram, principalmente, promover reflexões sobre princípios gerais que regem a proposta de alfabetização em uma perspectiva interacionista. Como dissemos no início deste capítulo e em outros capítulos desta obra, a apropriação do sistema alfabético de escrita precisa ser realmente garantida aos jovens e adultos que buscam a escolarização. No entanto, suas expectativas vão muito além do domínio da base alfabética. Os estudantes querem ampliar suas capacidades de produção e compreensão de variados gêneros orais e escritos. Foi em atendimento a tais anseios que buscamos refletir sobre a necessidade de contemplar tais eixos de ensino desde o início da escolarização. No capítulo 7 desta obra, relatos de aula e sugestões sobre como contemplar todos esses eixos no cotidiano escolar serão discutidos.

Referências

AMORIM, Leila B. "Será que quero somente aprender a ler e escrever?": Quais são as expectativas dos alunos da EJA para o ensino de Língua Portuguesa e o que diz a Proposta Curricular da Rede Municipal do Recife? *Monografia de Especialização: Curso de Especialização Globalização, Multiculturalidade e Educação de Jovens e Adultos.* Recife: UFPE, 2009.

CORTI, Ana Paula; VÓVIO, Cláudia Lemos. *Jovens na alfabetização: para além das palavras, decifrar mundos*. Brasília: Ministério da Educação / Ação Educativa, 2007.

LEAL, Telma F. A escrita de textos em turmas de Educação de Jovens e Adultos: reflexões sobre práticas escolares. *REVEJ@*, n. 2, p. 61 - 74, 2008.

LEAL, Telma F.; MELO, Kátia Reis. Planejamento do ensino da leitura: a finalidade em primeiro lugar. Em Barbosa, Maria Lúcia Ferreira de Figueiredo; SOUZA, Ivane Pedrosa. *Práticas de leitura no Ensino Fundamental*. Belo Horizonte: Autêntica, 2006

LEAL. Telma Ferraz; MORAIS, Artur. *Proposta Curricular: Educação Infantil, Fundamental e Educação de Jovens e Adultos*. Camaragibe: Prefeitura Municipal de Camaragibe, 2009.

SOLÉ, Isabel. *Estratégias de leitura*. Trad. Cláudia Schilling, 6. ed. Porto Alegre: Artmed, 1998.

TURA, Maria de Lourdes R. Conhecimentos escolares e a circularidade entre culturas. Em: LOPES, Alice Casimiro; MACEDO, Elizabeth (Org.). *Currículo: debates contemporâneos*. São Paulo: Cortez, 2005.

Parte II
Teorizando a prática

Capítulo 5
Estabelecendo metas e organizando o trabalho: o planejamento no cotidiano docente

Telma Ferraz Leal

Iniciando a conversa: para que planejar?

> Na escola sempre ouvimos falar de planejamento. Temos a semana de planejamento, data de entrega de planejamento, revisão do planejamento, atualização do planejamento. No entanto, na maioria das vezes em que somos lembrados ou cobrados do planejamento, ele vem acompanhado de tarefas que julgamos burocráticas e para as quais não vemos utilidade ou sentido na rotina escolar (GUEDES PINTO et al, 2006, p. 22).

A ideia de planejamento como tarefa de preenchimento de formulários e fichas padronizadas a serem entregues aos coordenadores, diretores ou outros profissionais responsáveis pela orientação do professor tem levado muitos professores a considerarem que planejar é algo nocivo, cansativo, burocrático, opressor. No entanto, no dia a dia, o planejamento é uma atividade frequente que antecede qualquer ato intencional. Planejar uma viagem, um passeio, a rotina dos filhos, as tarefas domésticas é uma ação corriqueira. Desse modo,

> O planejamento deve ser visto como um procedimento de automonitoração, uma forma de facilitar a ação diária. A atividade de planejar ajuda-nos a tomar decisões fundamentadas; a selecionar o que ensinamos e aprendemos; a levar

em consideração as habilidades e os conhecimentos prévios dos alunos; a melhor conduzir as atividades; a prever as possíveis dificuldades dos estudantes; a organizar o tempo e o espaço; a concretizar o tipo de observação que é necessário para avaliar e prever os momentos de fazê-lo (LEAL, 2006).

Muitas vezes, na nossa vida, realizamos atividades improvisadas, com planejamentos prematuros. Frequentemente, em tais situações, desperdiçamos tempo e os resultados não são os que esperamos. Do mesmo modo acontece em nossa vida profissional. Ministramos aulas sem planejamento, sem preparação e obtemos resultados indesejados. Mesmo quando realizamos uma mesma atividade há muito tempo, começamos a sentir que os resultados não são os mesmos, pois cada situação é singular, cada grupo é singular e precisamos considerar suas peculiaridades.

O convite que fazemos, então, é para tomarmos o planejamento como possibilidade de fazer da rotina escolar um momento de escolha e decisão. Aquele professor ou professora que analisa sua classe, aprende a conhecer seus alunos, enxerga suas necessidades, busca atividades, ações, interferências para que os alunos avancem na qualidade do domínio do conhecimento escolar (GUEDES PINTO et al, 2006, p. 24).

Sabemos que, quanto mais experiente é um professor, mais rapidamente ele planeja suas aulas, mas isso não diminui a importância dessa atividade na prática pedagógica. Embora a experiência diminua o tempo gasto para preparar uma boa aula, a atividade repetitiva, sem reflexão, em que se adota uma mesma estratégia inúmeras vezes, não nos deixa satisfeitos. Na verdade, a insatisfação ocorre porque no decorrer de nossa trajetória profissional, nossos objetivos mudam, os alunos não são do mesmo jeito e a própria escola já não funciona do mesmo modo. Assim como nos transformamos, precisamos transformar nossa prática.

É na reflexão sobre nossa prática que nos renovamos, que nos profissionalizamos cotidianamente. Schön (1987), ao tratar sobre tal temática, afirma que na prática construímos conhecimentos. Ele chama a atenção para dois tipos de conhecimentos gerados cotidianamente: conhecimento-na-ação e reflexão-na-ação. A capacidade que desenvolvemos sobre "como realizar as atividades diárias" é o que ele denomina de conhecimento-na-ação. Com certeza aprendemos muito a fazer, fazendo, mas nem somos capazes de verbalizar como realizamos tais atividades ou porque fazer de determinada maneira. O segundo tipo é o que ele denomina reflexão-na-ação, que implica na tomada de consciência sobre as próprias atividades. Tal conceito diz respeito à capacidade de "pensar sobre as ações". Para isso, lançamos mão de nossos conhecimentos prévios, nossas experiências anteriores. Este autor salienta que a reflexão-na-ação torna o professor mais poderoso, pois ele passa a ter maior autonomia e a ter mais facilidade para variar suas atividades a partir de outras já realizadas.

É interessante observar que, quanto mais experientes somos e quanto mais refletimos sobre nossa própria prática, mais facilidade temos para lidar com as situações inusitadas, mais somos capazes de improvisar quando é preciso. Com certeza improvisamos melhor em situações mais familiares, pois dominamos mais os contextos e conhecemos mais as consequências das ações. Sabemos que, para a pessoa que não tem familiaridade com um determinado tipo de situação, nunca pensou sobre ele, sente-se muito mais impotente diante dos acontecimentos inesperados.

> O músico consegue improvisar um ritmo ou uma melodia em função de sua ampla e profunda experiência com a música, com o instrumento que toca, com as letras que já conhece. No nosso caso, conseguimos improvisar durante a aula quando já possuímos uma experiência mais ampla. A improvisação se realiza à medida que temos repertório, que temos vivências acumuladas [...]. Quando improvisamos em nossas aulas, buscamos fórmulas antigas, saberes já consolidados a respeito do que vem a ser uma aula, que aspectos fazem parte dela (GUEDES PINTO *et al*, 2006, p. 26).

O acúmulo de conhecimentos sobre a situação e a consciência sobre as consequências de nossas ações, gerada nos momentos em que pensamos sobre elas e planejamos o que devemos fazer, nos dá mais elementos para improvisarmos quando precisamos. Por este motivo, Marcelo (1998) afirma que:

> A improvisação desempenha papel importante no processo de reflexão-na-ação, uma vez que o professor tem de ter a capacidade de variar, combinar e recombinar, em movimento, um conjunto de elementos de uma dada situação (p. 52).

Em suma, nosso propósito é defender que, para desenvolvermos uma prática mais consistente precisamos refletir sobre nossas ações.

> São as observações, os registros de situações e as reflexões sobre essas observações que lhe possibilitam distanciar-se de seu fazer e compreendê-lo de forma mais ampla, não mais como simples agir, mas como uma ação didática possível de ser generalizada e transferida para novas situações. Sem uma ação reflexiva, suas experiências, por melhores que sejam, mantém-se no âmbito da vivência, circunscritas àquele grupo e momentos únicos em que foram concebidas (MAGALHÃES; YAZBEK, 1999, p. 37).

Refletir, portanto, é a atividade central de nossa própria formação profissional. É indispensável, portanto, para qualquer docente comprometido, desenvolver estratégias de reflexão sobre o cotidiano da escola e da sala de aula. O planejamento é um momento privilegiado de reflexão.

Vimos defendendo que quando nos organizamos melhor, em lugar de "perdermos tempo", na verdade deixamos de desperdiçá-lo, passamos a otimizar melhor o seu uso.

> O tempo e o esforço gastos para o planejamento de ações depende de vários fatores, tais como: experiência com a tarefa a ser executada, domínio das competências necessárias à sua realização, consciência sobre as melhores maneiras de realizá-la, complexidade da tarefa, materiais disponíveis, e, sobretudo, organização. Assim, é essencial que o profissional aprenda a se organizar cada vez melhor, maximizando o tempo disponível em sala de aula e fora dela. Práticas de registro de situações didáticas "bem sucedidas"; listagens de atividades didáticas para diferentes conteúdos de ensino, com descrições de formas de realização e questões detonadoras; arquivos de materiais didáticos confeccionados ou adquiridos pelo professor (jogos, textos, ilustrações...) evitam que "boas idéias" sejam perdidas na memória ou que o tempo seja desperdiçado com repetição de tarefas já realizadas anteriormente, tais como confecção de jogos, procura de textos já selecionados, entre outros (LEAL, 2006).

Para planejarmos melhor, precisamos também ter consciência das nossas metas, precisamos ter conhecimento sobre a proposta curricular que orienta nossa rede de ensino ou nossa escola, precisamos saber diagnosticar as necessidades dos alunos. Como sabemos, um mesmo conteúdo escolar aparece em diferentes momentos da vida dos estudantes e precisamos saber como contemplá-lo nesses diversos momentos. Como afirma Sadovsky, mesmo em um mesmo ano letivo, não se pode esperar que os alunos

> [...] adquiram de uma vez e para sempre todos os significados de um conceito, mas sim que o façam através da resolução de diferentes tipos de problemas. Estamos pensando, portanto, num processo de sucessivas aproximações, organizações e reorganizações (SADOVSKY, 1994, p. 7).

Desse modo, muitas habilidades, competências, conceitos, precisam ser ativados em diferentes momentos do ano letivo. Desse modo, o planejamento de rotinas pode ajudar o professor a melhor organizar tal ensino.

Por que organizar rotinas de trabalho?

O que é uma rotina?

Em muitas situações, tal palavra é usada com um sentido negativo, associada aos conceitos de monotonia, enfado, repetição mecânica. Nos dicionários, tais sentidos são explicitados:

> 1. Repetição monótona das mesmas coisas. 2. Procedimento regular, habitual, mecânico, inconsciente (Sacconi, 1996).
>
> 1.Caminho já percorrido e conhecido, em geral trilhado maquinalmente; rotineira. 2. Seqüência de atos ou procedimentos que se observa pela força do hábito, rotineira. 3. Fig. Uso, prática, norma geral de procedimento; ramerrão, rotineira [...] (FERREIRO, 1986).

Aqui, esta palavra adquire um sentido diferente, que remete à ideia de planejamento de procedimentos a serem executados durante um período letivo por meio de uma organização sequencial vivenciada por atores sociais que têm objetivos partilhados: a aprendizagem

As rotinas escolares asseguram que professores e alunos partilhem de acordos que guiam o cotidiano da sala de aula. Assim, alguns "procedimentos" básicos são combinados entre professores e alunos, possibilitando que eles se organizem dentro do espaço temporal e espacial para as tarefas pedagógicas. Os estudantes, sobretudo os jovens e adultos, podem, através dessas rotinas, prever o que farão na escola e a organizarem-se. Por outro lado, a existência dessas rotinas possibilita ao professor distribuir com maior facilidade as atividades que ele considera importantes para a construção dos conhecimentos em determinado período, facilitando o planejamento diário das atividades didáticas.

> O planejamento da rotina é entendido como compromisso com a organização das atividades dentro do tempo pedagógico. O planejamento passa a ser visto sob a ótica da escolha e do controle do professor sobre seu próprio trabalho. Com isso, garantimos novas escolhas, que geram a liberdade para mudanças, adequações e alterações necessárias (GUEDES PINTO *et al*, 2006, p. 26).

No contexto de um trabalho partilhado, sobretudo ao tratarmos da Educação de Jovens e Adultos, sugerimos que a rotina para um determinado período (semana, quinzena, mês) deve ser socializada com os estudantes, para que eles compartilhem dos objetivos e da organização das atividades. É interessante, também, que sejam favorecidas situações em que eles planejem com o professor a rotina de um determinado período letivo, levando-os a sentirem-se mais responsáveis pelo processo de ensino e aprendizagem.

O professor pode, a partir de acordos com os alunos, avaliar continuamente com eles os resultados do trabalho. Essa avaliação com certeza ajudará os jovens e adultos a desenvolverem maior autonomia no estudo, assim como a aprenderem a monitorar o tempo e as estratégias de realização das atividades propostas.

Essa participação dos estudantes no próprio processo de organização do trabalho pedagógico auxilia o aluno a aprender como gerir sua própria aprendizagem. Tal capacidade pode refletir positivamente no engajamento dos jovens e adultos nas atividades propostas. Em um estudo com crianças, Bernardin (2003) mostrou o quanto a consciência dos estudantes sobre como monitorar sua própria ação de aprendiz influenciou no desempenho dos estudantes. Ele comparou alunos de uma turma quanto à sua evolução durante o ano letivo, tomando como partida uma classificação feita no início do ano entre dois tipos de estudantes: (1) os ativos-pesquisadores, que eram os alunos que viam a aprendizagem como um instrumento de autonomia, sentiam-se como atores envolvidos em um processo; sabiam que a aprendizagem requer várias operações; aceitavam a incompletude momentânea dos saberes; eram capazes de nomear alguns objetos de saber; tinham atenção voluntária e dirigida; e (2) os passivos-receptores, cujas motivações eram fechadas em si mesmas (não explicitavam porque queriam aprender determinados conteúdos); não sabiam o que fazer para aprender, pois havia uma distância entre o que achavam que era preciso fazer e as demandas da escola; achavam que tudo dependia da escola; tinham medo de assumir riscos; tinham dificuldades de nomear objetos de aprendizagem. O autor mostrou que os alunos classificados, no início do ano, no primeiro grupo, evoluíram mais rapidamente nas aprendizagens.

Bernardin (2003) apoia-se em Downing e Fijalkol e denomina tal fenômeno como "clareza cognitiva", que, para ele, é necessária no processo de aprendizagem. Para esses autores, o aprendiz

> encontra-se na clareza cognitiva quando sabe que aprende, quando sabe o que aprende, por que aprende e como aprende. Isso parece dificilmente realizável a priori, se consideramos a especificidade da atividade tal como a entendemos, caracterizada pelo processo (relativamente lento) de tomada de consciência dos objetivos, onde não são determinados previamente nem o porquê nem como se vai aprender (já que vão estar em atividade no decorrer da aprendizagem). Assim, deve-se compreender essa clareza não somente como preliminar, mas também como princípio a operacionalizar durante e após a atividade (p. 132).

O planejamento do professor e o esforço em compartilhar ao máximo tal planejamento pode ajudar os jovens e adultos a terem mais clareza sobre o que vão aprender em determinado período do ano letivo, porque precisam aprender tal conteúdo, o precisam fazer para aprender, como podem avaliar se estão aprendendo, para, desse modo, criarem estratégias cada vez melhores de aprendizagem.

Esse modo de atuar também ajuda o professor a planejar o seu dia a dia, porque o planejamento se torna, durante o intervalo proposto, mais previsível. Resta ao professor, planejar as atividades que serão realizadas em cada categoria de atividades.

Dessa forma, alertamos que o planejamento de uma rotina de trabalho não inviabiliza nem minimiza o papel do planejamento, pois, por um lado, dentro da rotina, as atividades propostas precisam ser pensadas, planejadas; e, por outro lado, essa rotina pode e deve ser mudada periodicamente, tanto para que novas competências/habilidades sejam contempladas, quanto para evitar uma cristalização e um enfado no (a) professor (a) e nos alunos.

Como organizar as atividades em sala de aula?

No planejamento da rotina pedagógica, é importante considerar tanto a natureza dos objetos do ensino, quanto os conhecimentos e habilidades que os estudantes precisam aprender conforme as proposições curriculares das diferentes áreas de conhecimento e as capacidades dos aprendizes, suas vivências, experiências, desejos. Assim, a variedade de situações de aprendizagem, organizadas temporalmente, torna-se requisito fundamental. Diferentes estratégias didáticas precisam ser planejadas, mas é importante que consideremos que em uma mesma proposição didática podemos contemplar objetivos didáticos variados. Exemplos desse tipo de abordagem são vistos, atualmente, com muita frequência, em Projetos Didáticos. Mas outras formas de organização das situações didáticas também podem e devem ser realizadas, tais como as atividades permanentes, as atividades sequenciais e as atividades esporádicas.

Atividades permanentes

As atividades permanentes são intervenções pedagógicas organizadas de forma que há certa repetição de procedimentos num intervalo de tempo. Elas ajudam o professor a assegurar que determinados objetivos sejam perseguidos durante um período, podendo, em função da constância com que acontecem, favorecer o processo de avaliação acerca do quanto tais objetivos já foram, ou não, alcançados. É uma modalidade de organização das propostas pedagógicas muito adequada aos objetivos atitudinais (relativos ao desenvolvimento de atitudes e valores) e procedimentais (relativos ao desenvolvimento de estratégias de ação, ao "como fazer", "como realizar determinadas atividades").

Para a formação de leitores, ou seja, de pessoas que gostem de ler, as atividades permanentes de leitura são muito ricas. Os relatos das professoras Adriana Costa, Ana Flávia Cavalcante e Ana Paula Bastos ilustram bem como a leitura pode entrar na rotina do cotidiano dos jovens e adultos na escola.

> A aula iniciou-se às 18h15min. Nesse dia tínhamos planejado para trabalhar (durante toda a semana) o gênero textual "música". E como todos já haviam sido avisados (no dia anterior) do trabalho da semana, já tinham certo preparo a respeito do que seria tratado em sala de aula. Logo, iniciamos a aula com a leitura da música que seria trabalhada naquela noite: "Pensamento", de Cidade Negra. Após ter proposto uma leitura silenciosa a eles, li juntamente com eles, em voz alta (pela primeira vez); depois lemos algumas partes da música em uníssono. Após esse momento de leitura, coloquei o CD no som, e eles puderam ouvir a música (cada um tinha em suas mãos a cópia da letra da canção). [...] Após a música, refletimos e houve um debate em cima do que a letra diz. Todos participaram e deram seu parecer sobre o que entenderam da canção. Muitos surpreenderam quando interpretaram a letra. Uma aluna que não sabia (na época) ler, explicou e respondeu a todas as perguntas referentes ao texto. Já outros estiveram falando da lição de vida que a letra transparece. Depois dessa discussão, foi proposta uma atividade (Adriana Costa, 16/03/2004).

> Com o objetivo de trabalhar a temática "cidade", iniciei as atividades com a leitura da música de Chico Science: "A Cidade". Escolhi esta música porque a mesma trata, de forma geral, os problemas que ocorrem na cidade do Recife, possibilitando, assim, uma reflexão. Após ler todo o texto, retomei-o frase por frase, para discutir o que a música transmitia. Foi um debate muito prazeroso, pois os alunos entenderam a mensagem e isso se deu por estarmos trabalhando sobre a realidade em que estão inseridos. Em seguida, fizemos... (Ana Flavia Cavalcante, 02/12/2003).

> No dia 24 de março iniciei a aula fazendo a leitura de dois textos "As mãozinhas" e "Órfãos da colheita", do livro Viver e Aprender, nas páginas 170 e 171. Essa leitura foi feita coletivamente. Por esses textos retratarem a realidade das crianças trabalhadoras do campo, e por a maioria dos meus alunos terem trabalhado em colheita de algodão, sisal, cana-de-açúcar etc, a discussão em torno desse assunto foi grande.

> Aconteceram várias lembranças de trabalhos que foram sendo anotadas no quadro. Pode-se citar o exemplo da aluna Maria do Carmo que nos disse: "Muitas vezes eu deixava de trabalhar na colheita de algodão para brincar com os meus coleguinhas". Alguns pontos interessantes dessas lembranças foram sendo anotados no quadro. Terminada esta atividade, questionei-os sobre a situação das crianças trabalhadoras da cidade de hoje. Os alunos falaram que atualmente as crianças trabalham em sinais, casas de família, vendendo pipocas e outros. Resolvi fazer a leitura em voz alta da música "Meu guri" de Chico Buarque. No decorrer da leitura, fui pausando, algumas vezes, para que os alunos pudessem compreender melhor o texto. As alunas Rosimeri e Verônica disseram que o guri a que o compositor se referia era um ladrão. Os outros alunos não tinham certeza desse fato, então continuei a leitura para conferir. A interpretação e compreensão dos alunos foram muito boas. Eles foram fazendo comentários tranqüilamente. Muitos tinham histórias parecidas na família ou vizinhos, o que ajudou na compreensão do texto (Ana Paula Bastos, 24/03/2004).

Como discutimos em outra obra (LEAL, 2005, p. 111),

> Os três extratos de relato acima transcritos têm muitas semelhanças. Adriana, Ana Flávia e Ana Paula iniciaram a aula realizando uma leitura de um texto, que foi seguida por uma discussão sobre o tema tratado pelo autor, com participação intensa dos alunos. Outra semelhança é quanto ao tipo de interação entre professoras e alunos: os jovens/adultos sabiam qual seria o tema e/ou gênero textual a ser trabalhado durante o período.

Vemos, desse modo, que havia uma intenção das professoras em promover, por meio dessa atividade, a ampliação do letramento dos estudantes. Além disso, elas tinham a intenção de familiarizar os alunos com algum gênero discursivo ou aprofundar alguma temática.

Adriana, por exemplo, conduziu as aulas da semana de modo a propiciar o contato e a reflexão sobre textos de um mesmo gênero: música. Ela objetivava que os alunos ampliassem o repertório de músicas que já tinham e refletissem sobre o gênero textual, por isso, durante toda a semana, ela levou músicas tratando de diferentes temas, que foram discutidos.

Ana Flávia e Ana Paula abordaram o tema cidade. Nos dois extratos, os alunos leram textos de diferentes gêneros, com o propósito de refletir sobre fenômenos relativos a tal temática, e, ao mesmo tempo, desenvolver estratégias de leitura e ativar conhecimentos prévios adquiridos na leitura de textos para compreender outro texto. Também puderam estabelecer relações intertextuais, que enriqueceram, sem dúvida, suas possibilidades de leitura.

Outros professores têm realizado como atividade permanente a "Chamada". Geralmente, os objetivos são ligados à busca de que os alunos aprendam a ler e escrever seus nomes e os dos colegas para utilizá-los como referências em outras atividades de alfabetização. Mesmo antes de se tornarem alfabetizadas, as pessoas se tornaram capazes de escrever e ler os nomes de vários alunos da sala. De modo geral, os(as) professores(as) relatam várias maneiras de realizar a chamada: entregando aleatoriamente as fichas para que os estudantes procurem o dono delas; mostrando as fichas para que cada aluno busque a sua; entregando as fichas por grupos para que eles descubram quais são as fichas dos alunos faltosos; dentre outras. Assim, apesar de colocarmos a chamada como atividade permanente, não estamos pressupondo que a forma de realizá-la seja invariável. Mesmo sendo permanente, os procedimentos de realização das atividades podem mudar.

Em suma, as atividades permanentes ajudam a desenvolver atitudes, a disseminar valores e a desenvolver capacidades. Não precisam ser realizadas diariamente, mas precisam de certa constância.

Projetos didáticos

Diferentemente das atividades permanentes, os projetos didáticos são propostas de intervenção pedagógica em que são propiciadas situações didáticas em que o professor e os alunos se comprometem com um propósito (resolver determinado problema) e com um produto final ao término do período proposto. Em um projeto, as ações executadas ao longo do tempo têm relação entre si e fazem sentido em função do produto que se deseja alcançar (produção de um livro; jornal escolar; organização de uma Feira Literária...). Têm como princípios básicos, conforme foi sistematizado por Leite (1998): a intencionalidade; a busca de respostas autênticas e originais para o problema levantado pelo grupo; a seleção de conteúdos em função da necessidade de resolução do problema e da execução do produto final (conhecimento em uso) e a coparticipação de todos os envolvidos nas diversas fases do trabalho (planejamento, execução, avaliação).

A professora Ana Gabriela Lima, relata um projeto didático desenvolvido em uma turma de alfabetização de jovens e adultos.

> Desde a segunda semana de aulas procurei trabalhar com os alunos leituras deleites de biografias de artistas famosos, dando prioridade aos nordestinos e outros que retratavam o nordeste como Patativa do Assaré, Lula Cardoso Aires, João Cabral de Melo Neto, Cândido Portinari. Inicialmente analisávamos as obras do autor (visualizando a figura dos quadros sobre seca, maracatu, etc ou líamos as músicas e poesias destes), discutíamos o que ali estava sendo tratado para, posteriormente, refletirmos sobre os princípios do sistema alfabético a partir de jogos de alfabetização. Na terceira semana [...], então, nos momentos finais da aula, destinados à produção textual, questionamos e sistematizamos com os alunos o que é uma biografia e quais suas características. Assim, fizemos no quadro uma sistematização das principais informações do gênero em questão. No quarto dia desta mesma semana, também nos últimos 30 minutos da aula, produzimos autobiografias orais. Ao iniciarmos a quarta semana de aula, tive uma idéia inicial de propor aos alunos a realização de um projeto didático sobre biografias. Íamos produzir um livro de biografias dos alunos da turma a ser entregue à outra turma da Estância, participante do mesmo projeto [...]. Continuamos fazendo leitura de biografias, mas agora acompanhados da produção de autobiografias pelos alunos. [...] Ao fim dessa semana, cada aluno teve que revisar sua biografia utilizando os documentos que utilizaram (identidade, certidão de nascimento...) [...]. Com os alunos não alfabéticos procuramos colocar na folha oficial a autobiografia, a fim de utilizar mais tempo para atividades de alfabetização com estes. Passamos, então, a realizar atividades diferentes com os alunos: no momento em que os não alfabéticos refletiam sobre os princípios do sistema alfabético

através de jogos, os alfabetizados revisavam seus textos individualmente (três vezes) e revisavam o texto do colega (cerca de duas ocorrências). Cada aluno alfabético realizou, assim, no mínimo, duas revisões individuais e teve seu texto revisado por dois colegas diferentes. [...] Produzimos o texto da capa coletivamente e discutimos um pouco sobre o índice e como poderíamos organizá-lo de forma satisfatória. [...]. Assim numeramos as páginas e a professora sistematizou o índice no quadro para, em seguida, passar para uma folha e finalizar o livro. Esse foi o presente de Natal dessa turma, por correspondência, para seus recentes amigos (Ana Gabriela Lima, outubro de 2003).

No projeto didático, como exemplificamos acima, é fundamental que os alunos participem de todas as etapas do trabalho, desde o planejamento e organização do cronograma de ação, até da execução e avaliação contínua e final do trabalho. Assim, eles são efetivamente ativos no processo de aprendizagem e desenvolvem o senso de responsabilidade e iniciativa.

Sequências didáticas

Outra forma de organização das atividades didáticas que podemos apontar como também importante, por impulsionar o desenvolvimento de capacidades fundamentais, é a proposta de sequências didáticas. Essa forma de organização das atividades didáticas implica em sequenciar atividades de modo que, em cada etapa, novos conflitos sejam gerados e ajudem a sistematizar os conhecimentos em ação para resolver os problemas propostos. Brousseau (1996) sugere uma forma de organização sequencial de atividades didáticas em que quatro fases são percorridas: situação de ação, situação de formulação, situação de validação e situação de institucionalização.

Na situação de ação, o(a) professor(a) propõe um problema a ser resolvido (em qualquer área de conhecimento) e sugere que os alunos resolvam utilizando o que eles já sabem. Assim, os alunos tentam resolver o problema a partir dos conhecimentos prévios que já dispõem. Na situação de formulação, os alunos são convidados a explicitar para um colega (ou mais de um) a sua resposta, dizendo como chegou até ela. As pessoas conversam e tentam chegar a uma resposta única ou são conduzidas a perceber que mais de uma resposta é possível diante da situação proposta. Num terceiro momento, os alunos são desafiados a resolver novos problemas utilizando os conhecimentos que construíram em dupla ou em grupo (situação de validação). Por fim, na situação de institucionalização, o(a) professor (a) ajuda os estudantes a sistematizar os conhecimentos que foram construídos, complementando o que for necessário, e comparando as várias respostas encontradas.

O relato da professora Jéssica Dantas pode ajudar a entender como tal tipo de organização do trabalho pedagógico pode ser conduzido.

> A turma foi dividida em dois grandes grupos: adultos dos níveis iniciais (pré-silábico e silábicos) e níveis finais (silábico-alfabéticos e alfabéticos). Com os níveis iniciais foram feitas atividades de localização de palavras no texto do livro didático. Foi pedido que os alunos abrissem o livro na página em que o texto estava colocado e que procurassem as palavras que eram ditadas. Após a localização, os alunos trocavam os livros para que o colega ao lado pudesse verificar se o outro fez corretamente, indicando para o colega se havia concordância. Quando existiam dúvidas, a professora levava ao quadro para que os alunos pudessem opinar sobre a forma de escrever aquela palavra. Após esgotarem as possibilidades, era feita votação da palavra grafada corretamente. Quem dizia a palavra correta era um dos alunos dos níveis finais (nem sempre estes acertavam a grafia e assim outro aluno era chamado a opinar e criava-se a discussão sobre letras com o mesmo som e algumas regras ortográficas, quando era o caso).

Em um trabalho anterior (LEAL, 2005, p. 124), discutimos sobre tal relato, apontando que,

> Nessa seqüência, cada palavra era pensada pelos alunos numa seqüência de procura individual com base nos conhecimentos prévios, numa situação de ação; confronto com outros colegas que também tinham realizado a tarefa individualmente, numa situação de formulação; e discussão coletiva, para institucionalização. Cada nova palavra podia ser pensada como uma etapa de validação das hipóteses construídas a partir da reflexão da palavra anterior. A professora assumia

uma postura problematizadora, colocando em evidência os conhecimentos explicitados pelos alunos e levando-os a confrontar as hipóteses que tinham sido levantadas.

Outras formas de organizar sequências didáticas também podem ser pensadas. Dolz, Noverraz e Schneuwly (2004) enfatizam a importância desse tipo de organização do trabalho pedagógico, propondo que seja utilizado para o ensino da leitura e produção de diferentes gêneros discursivos. Segundo tais autores, no início da sequência, os alunos são convidados a produzir texto de um determinado gênero, a partir de uma situação favorável (apresentação da situação), a partir da qual o professor avalia seus conhecimentos prévios e decide os objetivos específicos a serem alcançados. Com base nesta avaliação, o professor, então, planeja várias atividades voltadas para a reflexão sobre as características do gênero e para o desenvolvimento de capacidades necessárias para a leitura e produção do texto. Tais etapas do trabalho, os autores chamam de módulos. Ao final, é proposta uma nova situação de produção de textos em que os alunos tenham que mobilizar os conceitos e capacidades desenvolvidos.

Tal tipo de proposta pode favorecer a construção de conhecimentos aprofundados sobre as práticas de linguagem, de modo gradativo, estimulando o desenvolvimento de habilidades importantes para o exercício da leitura e da produção de textos.

ATIVIDADES ESPORÁDICAS

As atividades esporádicas são aquelas que, embora possam ser relativas ao mesmo conhecimento, não impõem uma ordem cronológica de apresentação, ou seja, as atividades são realizadas isoladamente, sem um vínculo, necessário, a atividades anteriores. Destinam-se, principalmente, à sistematização de conteúdos já trabalhados, mas podem também se adequar à apresentação de um conteúdo novo ou à aprendizagem de um determinado conceito ou procedimento que exige múltiplas formas de abordagem.

Em muitas rotinas os docentes reservam um horário por dia para tarefas esporádicas. Em outras propostas de rotina, é possível reservar horários para o desenvolvimento de projetos didáticos, de sequências didáticas ou de outras formas de atividades. As atividades esporádicas, porém, tendem a aparecer em muitos momentos durante o ano letivo, dado que determinados conceitos nem sempre são facilmente incorporados em projetos didáticos ou tratados sob forma de sequências didáticas.

No processo de alfabetização, muitas atividades esporádicas são realizadas para que os jovens e adultos compreendam os diferentes princípios do nosso sistema de escrita. Assim, as atividades esporádicas são importantes, principalmente quando planejamos situações em que as pessoas sejam conduzidas a pensar, a resolver problemas, a discutir em grupo ou em dupla, de modo que a escola seja um espaço de construção do saber, de ajuda coletiva em que todos querem aprender e ensinar.

E a avaliação?

Enfim, queremos destacar a importância da avaliação no processo de aprendizagem, não apenas uma avaliação do aluno, mas uma avaliação do processo de ensino-aprendizagem. Na medida em que crescemos profissionalmente, mais temos condições de investigar nossa própria prática docente e entender o que está dando certo e o que não está sendo proveitoso. É através de uma avaliação permanente, tanto do que estamos fazendo em sala de aula, quanto do que nossos alunos aprendem, que podemos melhorar e garantir uma escola de melhor qualidade.

A avaliação do aluno, por outro lado, também precisa ser pensada como uma ação permanente que nos ajude a redimensionar nossas ações. Avaliar para saber o que os alunos já sabem (o que aprenderam na escola e fora da escola), avaliar para detectar dificuldades e investir na superação, avaliar para investigar se os alunos se apropriaram do que ensinamos e passarmos adiante, avaliar para acompanhar o crescimento dos alunos: são finalidades básicas da ação pedagógica e precisam ser aperfeiçoadas cada vez mais.

É crucial, no entanto, explicitarmos que, na Educação de Jovens e Adultos, como em qualquer outra modalidade do ensino, o respeito ao ritmo e ao desejo de aprender é nuclear. É crucial então defender o direito de ser respeitado e poder aprender de modo adequado à sua faixa etária. Assim, a avaliação, enquanto parte do processo de ensino, não pode se restringir à computação do que os estudantes sabem: é imprescindível encarar a avaliação como um meio de sistematizar o conhecimento que temos sobre o jovem e o adulto vistos como pessoas de forma integral.

Além de conhecermos o jovem e o adulto, seus recuos e avanços, é fundamental também proporcionar situações em que eles próprios possam tomar conhecimento desses avanços e dos recuos, para que possam investir para superação das dificuldades. A autoavaliação é possível e necessária se quisermos formar pessoas críticas e autônomas.

A avaliação, assim, ajuda-nos a replanejar nosso plano de ação, conhecermos melhor os alunos e ajudá-los a reconhecer suas próprias capacidades e avanços. Os instrumentos de avaliação, assim, precisam ser foco de atenção. A criação de cadernos de acompanhamento dos alunos, com registro de seus progressos e dúvidas, assim como a organização de pastas com coletânea de trabalhos dos alunos, podem ser pensados como modelos de registro e de acompanhamento. Ressaltamos, no entanto, que a coletânea de trabalhos dos alunos não devem se constituir em coleção de tarefas de modo assistemático. É preciso selecionar o que será integrado à pasta, tendo-se como critério a representatividade dos tipos de atividades realizados em sala, a evidência de progressos ou recuos, a periodicidade (intervalos entre um trabalho e outro) e a importância atribuída à tarefa por professor e alunos. É importante que, ao organizarmos as pastas, registremos a data em que a atividade foi realizada, o comando dado para a tarefa e o motivo que nos levou a inserir o trabalho na pasta de acompanhamento (No trabalho há evidência de que a pessoa evoluiu quanto à capacidade de realizar a tarefa? Há evidência de que ela construiu um determinado conceito? Há evidência de que ela passou a apresentar maior zelo na execução das atividades escolares? Há evidências de que ela não estava conseguindo se concentrar para fazer as tarefas?). O registro escrito, nessa concepção de avaliação, constitui-se como um meio de acompanhar os alunos, retratando seus avanços e recuos de modo a possibilitar um planejamento mais consistente que possa atender às necessidades grupais e individuais.

Se tivermos a crença de que nessa modalidade de ensino (Educação de Jovens e Adultos), é especialmente importante ajudar os alunos a aprimorar o senso crítico, a curiosidade, a autonomia, a autoestima, passaremos a atribuir à avaliação um papel que não é o de decidir sobre promoções nem de apenas quantificar conceitos aprendidos.

É importante, também, ao falarmos sobre avaliação, considerarmos que os instrumentos que utilizamos para avaliar e os objetivos que traçamos são intimamente relacionados às concepções que temos sobre os objetos de ensino. Dependendo do que selecionamos como importante, podemos ter diferentes posturas avaliativas. Assim, precisamos, em cada área do saber, compreender o que o aluno precisa saber e o como ele se apropria desse saber. Só assim, poderemos elaborar bons instrumentos para avaliar o que ele sabe.

Diante dessa concepção de avaliação, destacamos alguns princípios básicos da avaliação defendidos por Hoffmann (2003): (1) "não existe o "não-aprender", mas jeitos e tempos diferentes de aprender a aprender e de aprender sobre a vida"; (2) "é preciso, sobretudo, respeitar a diversidade dos educandos se pretendemos formar para a cidadania, reconhecendo a todos como dignos de educação, atenção e respeito"; (3) os parâmetros de avaliação "precisam ser considerados mutáveis, contextuais e éticos, condizentes com as concepções defendidas em cada área do conhecimento"; (4) é preciso "desenvolver uma prática avaliativa de modo a privilegiar a expressão própria do pensamento dos alunos, a oportunizar-lhes vivências em ambientes interativos, a tornar disponíveis múltiplas e ricas fontes de informação sobre os objetos do saber".

Considerações finais

Todas as questões até o momento levantadas e brevemente discutidas, assim como os exemplos apresentados, devem ser pensados como ponto de partida para a criação das formas mais confortáveis e eficientes de planejamento. O ponto central de reflexão, no entanto, deve ser a importância da organização de rotinas como forma de melhorar a ação docente, jamais como meio de prestação de contas. O professor deve ter autonomia para decidir sobre as melhores estratégias de ensino e tal autonomia requer uma ação consciente, refletida. No entanto, autonomia não implica em trabalho solitário. A socialização dos modos de atuar entre os docentes de uma escola, a discussão entre os professores, coordenadores, diretores e outros profissionais da escola sobre as estratégias planejadas e executadas podem servir como ponto de apoio para as transformações e coletivização dos saberes. A partir de tais explicitações, pode-se perceber as fragilidades e buscar meios de vencê-las, assim como os avanços e as formas de mantê-los.

Assim, é possível promover situações de planejamento coletivo e socialização de impressões sobre os alunos, de forma que as dificuldades detectadas sejam discutidas e as estratégias para superá-las também.

Bibliografia

BERNARDIN, Jacques. *As crianças e a cultura escrita*. Porto Alegre: ArtMed, 2003.

BROUSSEAU, G. *Fondements et méthodes de la didactiques des mathématiques*. RDM v. 7, n. 2, 1996.

DOLZ, Joaquim; NOVERRAZ, Michèle; SCHNEUWLY, Bernard. Seqüências didáticas para o oral e a escrita: apresentação de um procedimento. Em SCHNEUWLY, B. E DOLZ, J. *Gêneros orais e escritos na escola*. Campinas: Mercado de Letras, 2004

FERREIRA, A.B.H. *Novo dicionário da língua portuguesa*. Rio de Janeiro: Ed. Nova Fronteira, 1986.

GUEDES-PINTO, Ana Lúcia; SILVA, Leila Cristina Borges; TEMPESTA, Maria Cristina da Silva; FONTANA, Roseli Aparecida Cação. *A organização do tempo pedagógico e o planejamento do ensino*. Brasília: MEC, Secretaria de Educação Básica. Secretaria de Educação a Distância. Universidade Estadual de Campinas, 2006.

HOFFMANN, Jussara. Avaliando a avaliação no ensino de Ciências, História e Geografia. Em: SILVA, J.F.; HOFFMANN, J.; ESTEBAN, M. T. *Práticas avaliativas e aprendizagens significativas em diferentes áreas do currículo*. Porto Alegre: Ed. Mediação, 2003.

LEAL, Telma F. *Planejar é preciso...* Mimeo. Olinda: Secretaria Municipal de Educação de Olinda, 2006.

LEAL, Telma F. O planejamento como estratégia de formação de professores: organização e reflexão sobre o cotidiano da sala de aula. Em LEAL, Telma; ALBUQUERQUE, Eliana. *Desafios da educação de jovens e adultos: construindo práticas de alfabetização*. Belo Horizonte: Autêntica, 2005.

LEITE, L. H. A. Pedagogia dos projetos. *Revista Presença Pedagógica*, n. 8, p. 24-33, 1998.

MAGALHÃES, L.; YAZBEK, A. P. *Parceria planejada entre o orientador e o professor. Seminário Intinerante*. Recife: Centro de Estudos Escola da Vila, 1999.

MARCELO, C. Pesquisa sobre a formação de professores: o conhecimento sobre aprender e ensinar. *Revista Brasileira de Educação – ANPED*, n. 9, p. 51-75, 1998.

SACCONI, L. A. *Minidicionário da língua portuguesa*. São Paulo: Atual, 1996.

SADOVSKY, P. Diferentes dimensões da análise didática. Em Parra-Sadovsky-Saiz. *Enseñanza de la matemática – Documento curricular* P.T.F.D. Buenos Aires, 1994.

SCHÖN, D. *Educating the reflective practitioner: toward a new design for teaching and learning in the professions*. São Francisco: Jossey-Bass, 1987.

Capítulo 6
Sílabas, sim! Método silábico, não!

Andréa Tereza Brito Ferreira
Eliana Borges Correia de Albuquerque

Ana Paula: um aluno me disse: "Paula, a gente não tem que ficar feito criança aprendendo pa, pe, pi, po e pu e ba, be, bi, bo e bu. Isto é coisa para criança, a gente tem que aprender essas coisas1. Essa coisa de cartilhas não serve para nada não, o que serve é isso". E aí, eu ouvi meu aluno e este depoimento foi um peso pra mim, foi quando eu me dei conta de que realmente o trabalho com padrões silábicos e o método silábico não serve, único, sem nada. Não quer dizer que você não vai falar de sílaba, que não vai trabalhar com sílabas, sim, mas tem que ter uma relação.

O ato ensinar a ler e escrever, por muito tempo, foi visto com uma atividade que não se preocupava muito com "quem vai aprender", nem mesmo com o "como ensinar". É claro que se remontarmos à história, vamos ver que aqui e ali apareceu uma maneira de fazer "diferente" que, pouco a pouco, passava a fazer parte das conversas e de algumas práticas de quem exercia esse metiê. Há algum tempo, existia uma "fórmula única" de alfabetizar e essa deveria caber em todos que conseguissem sentar nos parcos bancos escolares que existiam. Essa

[1] O aluno se refere a um trabalho sobre Tarcila do Amaral, desenvolvido pela professora.

época, no entanto, não é exatamente a mesma em que a professora Ana Paula viveu essa situação acima descrita com seus alunos jovens e adultos que fizeram parte do Programa do Governo Federal Brasil Alfabetizado (parceria MEC/Secretaria de Educação do Recife/UFPE). Alguns desses alunos já tinham passado pelos bancos escolares em outros momentos de suas vidas e retornavam à escola na intenção de recuperar um tempo perdido, ou melhor, a leitura não aprendida.

O que o depoimento do aluno de Ana Paula nos permite revelar é que os alunos da EJA têm na memória uma situação muito próxima da que eles já passaram e que não serviu muito para modificar a sua condição de sujeitos que não conseguem ler os diversos textos que fazem parte da sua rede social. Eles lembram que a lição ensinada daquela maneira não os fez aprenderem. Nessa situação, aprender com o *BA, BE, BI, BO, BU* não deu e não poderia dá certo.

No início da década de 1960, Paulo Freire, em sua experiência de alfabetização de adultos, rompeu com muitos aspectos do ensino tradicional, principalmente com as cartilhas usadas na alfabetização de Jovens e adultos que continham textos cartilhados (textos sem sentido construídos pelos autores do livro com o intuito de fixar na memória dos alunos as sílabas e as palavras ensinadas nas lições). Para ele, os adultos analfabetos precisavam aprender a ler e escrever a partir de suas experiências. No entanto, para alfabetizar, ele, de certa forma, se apoiou no método silábico (o mais usado na época) ao propor um trabalho que partia de uma palavra geradora e do ensino dos padrões silábicos relacionados às sílabas constitutivas da palavra em estudo.

O fato da professora Ana Paula trabalhar o BA, BE, BI, BO, BU não significa afirmar que ela iria ressuscitar a maneira "cartilhada" em que esses alunos tentaram aprender a ler e escrever. O trabalho de alfabetização que envolve letras e sílabas precisa não significar, necessariamente, um trabalho descontextualizado de simples repetição e infantilização, como era proposto pelas cartilhas tradicionais. Esse debate ainda hoje gera muita confusão entre os professores. Para aprofundar melhor essa questão, vamos tentar esclarecer alguns "equívocos" ou "mal-entendidos" que os diferentes modelos de alfabetização promoveram em diferentes épocas, principalmente depois dos anos 1980, quando as tais cartilhas carregadas de letras e sílabas em suas lições começaram a ser questionadas e novas propostas de alfabetização voltadas para o público de jovens e adultos começam a aparecer.

O "método Paulo Freire" e o BA, BE, BI, BO, BU

A preocupação de Paulo freire pelo público jovem e adulto é de incontestável contribuição. Os trabalhos desenvolvidos sobre a alfabetização dessas pessoas tão esquecidas pela educação formal ao longo do tempo provocou grandes mudanças no fazer pedagógico, não apenas do professor de EJA, mas de todos os professores de um modo geral.

Considerar, no entanto, que Paulo Freire criou um "método" de alfabetização seria, como abordado por Soares (2003), uma incorreção e uma redução. Mais do que um método, ele criou uma concepção de alfabetização ao considerar o ensino da leitura e da escrita não mais como simples aquisição de uma técnica mecânica de codificação e decodificação, mas como "um ato de reflexão, de criação, de conscientização, de libertação" (SOARES, 2003, p. 119). Na pedagogia freiriana, no que concerne à alfabetização de adultos, o saber e a cultura populares passam a ser valorizados e o analfabeto, considerado até então como uma *tábula rasa*, passa a ser concebido como possuidor e produtor de conhecimentos e da própria cultura. Como afirma Soares (2003, p. 120):

> Paulo Freire cria uma concepção de alfabetização, que transforma fundamentalmente o *material* com que se alfabetiza, o *objetivo* com que se alfabetiza, as *relações sociais* em que se alfabetiza – enfim: o *método* com que se alfabetiza.

No trabalho desenvolvido por Freire, em lugar das tradicionais cartilhas e cartas do ABC, a própria realidade do educando estava no centro do processo de alfabetização. Com base no conhecimento dessa realidade, algumas palavras eram selecionadas – as chamadas palavras geradoras – para desencadear um processo de reflexão e problematização da realidade e, ao mesmo tempo, servir de apoio para o ensino dos padrões silábicos que as constituíam. As aulas dos círculos de cultura de alfabetização, baseadas em suas ideias, seguiam mais ou menos uma certa organização. O primeiro momento era entendido pela busca do universo vocabular dos sujeitos. Depois, essas palavras eram discutidas na oralidade para, em seguida, serem escritas no quadro e segmentadas em sílabas. Geralmente, na sala de aula, formava-se um cartaz com a palavra que seria depois decomposta com ajuda dos alunos. Vejamos uma sequência didática vivenciada em um grupo de trabalhadores rurais, baseada na proposta de Paulo Freire[2]:

1- Apresentação da palavra inserida na representação da situação relacionada a ela.

2- Apresentação da palavra sozinha.

3- Apresentação da palavra dividida em sílabas.

4- Apresentação da família silábica da primeira sílaba.

5- Apresentação da família silábica da segunda sílaba.

6- Apresentação da família silábica da terceira sílaba.

7- Apresentação, de uma só vez, de todas as famílias silábicas da palavra estudada.

Este conjunto das famílias silábicas formado a partir da palavra geradora foi chamado "ficha da descoberta" porque ele permitia aos alfabetizandos a junção de diferentes sílabas para com elas formar novas palavras. Quando os alfabetizandos realizavam, de forma autônoma, este trabalho, haviam compreendido o mecanismo de formação das palavras.

Como podemos perceber, a partir das palavras geradoras, os alunos aprendiam os padrões silábicos da nossa língua. Era importante, entretanto, que o coordenador da atividade contemplasse todos os padrões silábicos durante o processo de alfabetização. Os padrões silábicos trabalhados gerariam outras palavras que estivessem relacionadas com o universo dos estudantes. Não havia, no entanto, um rigoroso controle sobre a sequência de apresentação das famílias silábicas, como nas tradicionais cartilhas em que o trabalho, no geral, se iniciava pela apresentação das vogais e dos encontros vocálicos, para depois os padrões silábicos serem apresentados, seguindo uma ordem de complexidade.

O trabalho idealizado por Freire trazia, portanto, uma significativa diferença com os trabalhos de alfabetização realizados até então, pois ele associava o aprendizado da língua ao contexto de realidade do

---

[2] Extraído do Fascículo 3, capítulo 2 do PROGRAMA DE FORMAÇÃO DE PROFESSORES EM EXERCÍCIO – PROFORMAÇÃO- Organização de Vera Barreto. s/d.

sujeito e com isso não infantilizava o processo de aprendizagem da leitura e escrita, tornando-o muito mais significativo. Considerando o momento em que seu trabalho foi concebido e desenvolvido – final da década de 1950 e início dos anos 1960 - sua proposta de alfabetização, como ele próprio falou em entrevista à *Revista Teoria e Debate* (nº 17, 1992), possuía uma dimensão histórico-social-linguística que não existia antes, ou que não era percebida. A partir dos anos 1980, mudanças significativas ocorreram no campo do ensino da leitura e da escrita.

Do BA, BE, BI, BO, BU das tradicionais cartilhas ao trabalho com sílabas, palavras e textos

Diversas pesquisas sobre aprendizagem da leitura e da escrita foram desenvolvidas a partir dos anos 1980 e tiveram muita influência no Brasil e no mundo, principalmente as desenvolvidas no campo da psicolinguística (FERREIRO, 1985; FERREIRO; TEBEROSKY, 1984). O que a maioria desses trabalhos apresenta em comum é o fato de revelar que as atividades pedagógicas que trabalham unicamente com as habilidades de decifração na alfabetização estão mais próximas do desenvolvimento de um fazer técnico e/ou mecânico do que do desenvolvimento da compreensão do processo da leitura e escrita (GOIGOUX, 2004).

Nesse sentido, as propostas de aprendizagem da língua materna que envolvem a compreensão dos diversos textos que estão presentes na sociedade, estreita a relação entre a cultura escrita e a cultura escolar, tornando o processo de ensino-aprendizagem muito mais significativo para o aluno. É de notório saber que esses trabalhos trouxeram grandes contribuições para o ensino da língua materna, pois concordamos que uma prática de ensino na qual se privilegia mais a compreensão do que apenas a repetição e a memorização, traz muito mais benefícios para a aprendizagem. Porém, infelizmente, essas teses acadêmicas fizeram a "vara" cair para uma outra direção e com isso causaram grandes problemas aos professores que, dentro dessa confusão teórica, minimizaram tanto o trabalho com procedimentos de identificação das letras, sílabas e palavras (fundamentais para a compreensão do compreensão do sistema de escrita alfabética e considerados a partir de então, sem importância, secundários), que a maior parte dos alunos não conseguiam estabelecer relações entre os sons das palavras e o que estava escrito (relação entre grafemas e fonemas); ou não conseguiam identificar letras e sílabas dentro de uma palavra e, por conseguinte, não conseguiam evoluir no processo de apropriação da escrita alfabética.

Alguns trabalhos buscam vencer essa dualidade, ou melhor, tentam mostrar que o trabalho sistemático com as unidades menores da palavra pode ser associado a um trabalho de compreensão envolvendo diferentes textos (Goigoux, 2004; 2007). Com base nos estudos sobre o letramento, Magda Soares (2003) também associa a prática de alfabetização propriamente dita, com o trabalho envolvendo a leitura e escrita de diferentes gêneros textuais. Como já abordado no capítulo 1, a autora explica que alfabetizar e letrar são duas atividades distintas, porém, indissociáveis.

Essa preocupação com a alfabetização de forma contextualizada, envolvendo tanto os textos que estão presentes na sociedade, como um trabalho sistemático com as unidades menores que compõem as palavras, vem sendo discutida na Educação de Jovens e Adultos (Morais, 2004; Albuquerque; Ferreira, 2008; Leal, 2008). Atualmente, as propostas de alfabetização para esse segmento vêm revelando uma preocupação com essas questões, levando-se principalmente em conta a especificidade do público que frequenta essa modalidade de ensino, pessoas que estão fora do sistema escolar, mas que estão imersas em práticas de letramento (Programa Brasil Alfabetizado 2003/UFPE/CEEL).

Diante de uma divisão/fusão de partidos, muitos elementos entram em questão se analisarmos o que pode significar trabalhar com as unidades menores da palavra na alfabetização de EJA, ou mais especificamente o que pode significar para o professor trabalhar com as sílabas, tendo em vista os novos discursos construídos sobre alfabetização e as críticas difundidas sobre o uso do método silábico para alfabetizar crianças e adultos. As discussões teóricas chegam à sala de aula a partir de um processo de formação dos professores, seja ele inicial ou continuada. É nesse momento que o professor passa a pensar sobre o novo e a fabricar a sua prática a partir do que ele já sabe, já conhece e já faz. Muitas vezes as "novas" orientações não conseguem se materializar, pois o que o professor aprende de novo não lhe dá segurança de deixar a antiga forma. Ou, ao contrário, ao tentar seguir um novo modelo, esquece de elementos essenciais que devem fazer parte do processo de ensino-aprendizagem da leitura e escrita. É importante o professor saber que ele pode associar formas diferentes de fazer e tentar, por diferentes caminhos para que seus alunos aprendam.

Esse processo de (re)construção não é fácil, mas quando pensamos sobre as nossas práticas, vemos que temos que tomar algumas decisões. Vejamos o relato da professora Cremilda que não sabia como fazer para que seus alunos "compreendessem" as sílabas:

> Pedi ajuda da minha mãe, que é professora, e ela me deu uma cartilha pra eu trabalhar com as famílias silábicas que os alunos ainda não conheciam. A minha grande dificuldade era fazer com que eles compreendessem, pois o que eu ensinava em uma aula, na outra, a maioria já não lembrava... Tinha uns que entendiam bem... Mas tinha outros que diziam: – Ah! Professora, eu não vou conseguir aprender! Eu não vou conseguir!

A preocupação da professora Cremilda revela que a cartilha que traz um trabalho apenas com as famílias silábicas trata o eixo da apropriação do SEA de maneira abstrata, não contribuindo para a compreensão e construção de novas palavras e de novos aprendizados a partir do que foi estudado, no sentido de estabelecer relações grafofônicas. As sílabas aparecem no livro para serem repetidas e memorizadas. Para a professora, a rapidez com que os alunos esqueciam a lição anterior impedia todo o processo de alfabetização. Ela sabia que faltava "algo" nesse método para fazer os alunos identificarem os padrões silábicos que compunham as palavras e associarem esses padrões a novas palavras. Mais do que possibilitar que os alunos consigam fazer isso, é preciso que eles compreendam o processo. Mas como fazer isso? Será que se a professora trabalhasse de forma contextualizada ou com a ajuda de um texto ela conseguiria?

O depoimento da professora Ana Paula Cavalcanti também é representativo do processo que Cremilda e muitos docentes têm vivenciado nos últimos anos de construção de práticas diferentes de alfabetização. Como abordamos em outro artigo (ALBUQUERQUE, 2004), a referida professora foi alfabetizadora do Programa Brasil Alfabetizado no período de 13 de outubro de 2003 a 23 de abril de 2004. Ela ensinava a uma turma constituída por 33 alunos (idosos e mulheres) residentes no bairro da Estância.

No início da entrevista que realizamos com Ana Paula, ela nos falou que, em um primeiro momento, tentou realizar as atividades propostas pelo Programa, priorizando a leitura de diferentes gêneros. Quanto às atividades com sílabas, não "ousava" desenvolvê-las, para não ser taxada de "tradicional". Mas sua ansiedade em ver os alunos alfabetizados era tanta, que sentiu a necessidade de realizar uma prática mais sistemática "para alfabetizar". Nesse momento, a experiência de sua mãe alfabetizadora e defensora do uso do método silábico foi decisiva. Ela, então, encontrou uma cartilha de alfabetização de adultos que foi usada por sua mãe, e levou-a para servir de apoio para as suas aulas.

> **Ana Paula:** eu retirei atividades de um livro do Mobral,[3] consegui em casa, minha mãe tinha. A atividade pegava a palavra vida e aí a gente via os dois padrões VA, VE, VI, VO e VU e DA, DE, DI, DO e DU. E aí, eu colocava algumas palavras que tivessem os dois padrões, como VIDA, DÍVIDA, o que envolvesse. Pedia pra ler, pedia também pra formar as sílabas, pegar as sílabas e formar palavras. Eram atividades assim... Tinha outras atividades no livro que não deu pra pegar porque realmente eram absurdas, do tipo para copiar as sílabas. E aí eu vi que não resultou muito, não resultou.
>
> **Eliana:**- Por que não resultou muito?
>
> **Ana Paula:**- Porque não estava contextualizada, não era uma coisa real. Era uma coisa abstrata, era só pegar um monte de ... e eles decoram, eles não fazem a relação verdadeira. Eles decoram, então, como eles sabem ali é vida, ali é dívida, ali é diva, eles já sabem que é uma sequência de palavras e eles só fazem repetir, eles não estão fazendo a relação som/grafia. Eles na estão lendo e percebendo que ali é VIDA. Eles decoraram a lógica, a sequência de palavras.

Assim como aconteceu com a professora Cremilda, Ana Paula também percebeu que o trabalho com ênfase na memorização das famílias silábicas, por si só, não daria certo. Gostaríamos de destacar duas afirmações que ela fez no trecho apresentado: *"Eles não fazem a relação verdadeira"* e *"Eles não estão fazendo a relação som/grafia"*. O que essas afirmações significam? Como abordamos no artigo anteriormente citado (ALBUQUERQUE, 2004), ao trabalhar com

---

[3] O livro a que se refere Ana Paula é *Linguagem: caderno de atividades*. 2ª edição. Rio de Janeiro, 1988. (Programa de Educação Básica – Alfabetização 1), da Fundação Nacional para Educação de Jovens e Adultos – EDUCAR.

os padrões silábicos a partir de uma palavra chave, trabalho característico do método silábico, Ana Paula percebeu que os alunos apenas decoravam os padrões e as palavras formadas por eles, e depois os esqueciam. Ela conseguiu perceber que a simples memorização das famílias silábicas não proporcionava uma reflexão sobre a relação som/grafia – a "relação verdadeira" - necessária à aprendizagem do sistema de escrita alfabético. E ela foi *inventando* uma nova metodologia de trabalho que contemplasse essa reflexão, como demonstra os seguintes trechos da entrevista:

> **Ana Paula:** meu medo de tocar no método silábico era tão grande que eu evitava qualquer coisa que tivesse sílaba, assim, famílias silábicas. O que tivesse famílias silábicas eu evitava, agora eu tentei e usei, uma ou duas aulas tentando trabalhar famílias silábicas e vi que não deu certo.
>
> **Eliana**: E o que deu certo para você?
>
> **Ana Paula:** Deu certo quando eu trabalhava com música, quando eu trabalhava com reflexão fonológica.
>
> **Eliana**: Como era esse trabalho com reflexão fonológica?
>
> **Ana Paula:** Eu solicitava rimas, me deem palavras que rimem com isto e aquilo, quando eu fazia produção de texto coletivo, eles se apropriam do gênero. Eu trabalhei com bilhete, depois eles começaram a usar bilhetes no dia a dia, começaram a mandar bilhetes para mim para dizer porque estavam faltando.
>
> **Eliana:** Mas para eles se apropriarem do sistema, se você não usava famílias silábicas, o que você usava? Música, rima e o que mais?
>
> **Ana Paula**: Reflexão fonológica.
>
> **Eliana:** E quando você faz a reflexão fonológica você não fazia a reflexão no nível da sílaba, não?
>
> **Ana Paula:** Sim, a gente segmentava palavras em sílabas, contava as sílabas das palavras, a gente observava quais eram as maiores, as palavras menores, as palavras que começavam com tais e tais sílabas, as que terminavam com tais e tais sílabas, produzia as palavras identificadas.

Na prática da professora Ana Paula, a tentativa de realização de um trabalho com base no ensino de famílias silábicas extraídas de palavras chaves não deu certo. O que funcionou foi o desenvolvimento de atividades, com base em textos diversos – poemas, parlendas, quadrinhas, músicas – ou não, de exploração de palavras e de suas unidades menores.

> **Ana Paula:** Eu descobri uma coisa: que além da análise de reflexão fonológica, alguns jogos: silabário, alfabeto móvel, quando você trabalha com músicas, com parlenda, quando você pede para segmentar os textos... eles começam a observar que os textos possuem frases e as frases possuem palavras e as palavras são divididas em sílabas, em letras.

Consideramos, portanto, que o trabalho com textos diversos, sem tratar da relação som/grafia nas unidades menores da palavra, deixa de fora elementos importantes do processo de construção/compreensão do sistema de escrita, o que pode gerar no professor e, principalmente, nos próprios alunos, uma angústia pelo fato de não perceberem que estão avançando no processo de apropriação da escrita. Não estamos dizendo, com isso, que o texto seja usado, na sala de aula, como pretexto para o trabalho com as palavras. Vimos defendendo ao longo dos capítulos desse livro a necessidade de, nas salas de alfabetização de adultos, o professor organizar uma rotina de trabalho que contemple tanto a leitura e produção (oral e escrita) de diferentes textos, como um trabalho sistemático no eixo da apropriação da escrita alfabética. Esse trabalho específico pode estar relacionado à exploração de palavras presentes em alguns textos (principalmente daqueles que, pela sua própria natureza, propiciam atividades de comparação de palavras, exploração de rimas, como os textos da tradição oral: parlendas, cantigas, quadrinhas, cordéis, poemas, etc), ou podem se relacionar a outras atividades, como as que envolvem jogos, por exemplo. É sobre a construção de práticas que contemplem as duas dimensões – alfabetização e letramento – que falaremos a seguir.

O BA, BE, BI, BO, BU e a busca de um equilíbrio necessário

Muitos professores da EJA estão construindo práticas de alfabetização na perspectiva de trabalhar a dimensão da apropriação da escrita alfabética inserindo os alunos em práticas diferenciadas de leitura e escrita. No primeiro capítulo desse livro, apresentamos a prática desenvolvida pela professora Marlene (ALBUQUERQUE; FERREIRA, 2008) que seguia uma rotina que envolvia, entre outras coisas, a leitura deleite e atividades diversificadas de reflexão sobre as palavras e as unidades que as compõem. Apresentaremos, a seguir, uma sequência didática organizada por essa professora que envolvia, por um lado, a leitura e compreensão de textos diversos, e por outro, atividades de reflexão no nível das palavras e de suas unidades menores.

> A professora inicia a aula com o que ela chama de momento da novidade. É o momento em que os alunos contam alguma novidade que tenha acontecido com eles. Segundo a professora, esse momento foi instituído porque ela percebeu a resistência/timidez deles em participar das aulas. Nenhum aluno tinha algo a dizer neste dia.
>
> Em seguida, ela passa para o momento da curiosidade. Neste momento a professora conta algo novo para eles. Nesta aula, contou uma curiosidade sobre o carnaval. Falou que era uma festa de cunho religioso e que era intitulada de "carnavale", que significava "festa da carne". [...]
>
> Nesse dia ela fez a leitura de um texto intitulado "Carnaval 2008", de um autor da comunidade. Cada aluno recebeu uma cópia do texto. Nele, o autor cita as troças da comunidade, o que faz da leitura algo mais interessante para eles. Conversa um pouco com eles sobre o texto, destacando o título e o autor. Em seguida fala sobre as troças citadas no texto.
>
> A professora, então, escreve no quadro as palavras "carnaval" e "carnavale" e, em seguida, lê as palavras com eles destacando as sílabas. Depois disso, escreve o nome das troças que aparecem no texto. Nesse momento ela pede que eles digam quais são essas troças, fazendo com que eles relembrem o texto lido.
>
> Depois de escrever o nome das troças, ela pede que eles leiam, junto com ela, o nome de cada uma. Eles vão lendo sílaba por sílaba e, logo, percebem que troça é e terminam falando o nome, sem necessariamente lê-lo (decodificá-lo) por inteiro. No quadro, está escrito as seguintes palavras:
> Carnaval / Carnavale
> Frevo
> Anjos da meia-noite

Arrasta tudo

Maracatu

A professora pergunta aos alunos com que letra começa o nome de cada troça, eles dizem e ela escreve as letras no quadro, em maiúsculo porque são nomes próprios: "A" e "M". Em seguida pede que eles digam se tem algum colega de classe que tem o nome que começa com alguma das letras destacadas. Eles pensam um pouco e começam a dizer os nomes dos colegas.

P: Tem alguém na sala que tem o nome que se inicia da mesma forma que as troças?

AA: Tem!

P: Quem são essas pessoas?

A: Marina é uma.

P: Isso! Marina começa com "M" de maracatu.

A: Maria Emília.

P: Isso! Muito bem!

A: Maria da Paz.

P: Muito bem!

A: Professora, com a letra "C" de carnaval tem Carlinhos.

P: Isso mesmo! Muito bem! Eu só tinha falado do nome das troças, mas ele foi mais adiante e usou outra letra. Vamos ver como é que se escreve o nome Carlos? Porque a gente o chama de Carlinhos de forma carinhosa, mas o nome dele é Carlos. Como é que se escreve "car"?

A: Do mesmo jeito de "carnaval", C – A – R.

P: Isso mesmo! (escreve "Car" no quadro). E como eu escrevo "los"?

AA: L – O – S.

P: Muito bem! (escreve "los" no quadro). Agora vamos ler?

P/AA: CAR – LOS.

P: Ótimo, gente!

P: Gente, quantas vezes a gente abre a boca para falar a palavra Carlos? (destaca a primeira sílaba, sublinhando-a)

A: Três.

A: Não! Duas!

P: São três ou duas?

A: São três, olhe: C – A – R.

P: Será? Vamos ver. Eu quero saber quantas vezes eu abro a boca pra falar a palavra Carlos. Vamos dizer o nome juntos? Vamos lá:

P/AA: CAR – LOS. (bate palma para determinar cada pedacinho)

P: Quantas vezes?

A: Três! Veja, professora, C – A – R.

P: Veja bem, eu quero saber em quantos pedacinhos eu divido a palavra Carlos para pronunciá-la e não quantas letras há em cada pedacinho. Eu estou falando de sílabas e não de letras.

A: Aaaah! Entendi. São duas mesmo, é uma palavra dissílaba, não é?

P: Isso mesmo! Entendeu agora o que eu falei?

A: Entendi, professora.

Depois disso, pede que os alunos que têm nomes começados da mesma forma das troças, vão ao quadro escrevê-los. Eles vão um a um e todos o fazem de maneira satisfatória. São: Maria da Paz, Marina Rita, Maria Emília e Carlos (por iniciativa própria, o aluno fez a correspondência entre CAR de Carlos e o CAR de carnaval).

A professora Marlene, nesse extrato, revela muitos elementos teóricos discutidos ao longo desse artigo. Destacamos como primeiro elemento o trabalho de exploração do texto. Como destacado por Paulo Freire, a questão da contextualização é considerada fundamental para a aprendizagem da leitura e escrita. A professora aproveitou um texto repleto de significados para a comunidade a qual os alunos pertencem e explorou alguns aspectos importantes, como o gênero e o autor. Considerando que essa aula aconteceu no mês de fevereiro que, em Recife, é marcado pelo carnaval, a professora buscou ler textos sobre essa manifestação cultural, que, nesse dia, correspondeu a um texto informativo sobre as troças presentes na comunidade na qual a escola estava inserida. Consideramos importante destacarmos, no entanto, que o que entendemos por "textos significativos para os alunos", não se restringem aos que abordam apenas temáticas da realidade deles, mas são todos aqueles que, de alguma forma, podem lhes ser interessantes e podem, também, ampliar suas experiências de letramento.

No trabalho com as palavras e as unidades que as compõem, um elemento tem sido considerado em diferentes perspectivas de alfabetização: a importância da memorização. Nas práticas que concebem o aprendizado da leitura e da escrita como processos de decodificação e codificação, a memorização é tratada como requisito fundamental, uma vez que, parte-se do pressuposto de que para aprender a ler e escrever, o aluno precisaria "memorizar" todas as correspondências grafofônicas, seja no nível das sílabas e suas representações gráficas (métodos silábicos), seja no nível dos fonemas e dos grafemas correspondentes (método fônico), seja no nível das palavras (método global). Com as críticas a tais métodos e o surgimento de práticas "construtivistas" de alfabetização, um trabalho com ênfase na memorização de tais correspondências passou a ser amplamente criticado, e com isso, atividades que envolviam a memorização de unidades sonoras e gráficas das palavras também deveriam ser abandonadas.

Gostaríamos de destacar que, no processo de apropriação da escrita alfabética, não basta que os alunos memorizem letras, sílabas e palavras, pois, como abordado nos capítulos iniciais desse livro, o que eles precisam é, inicialmente, compreender a natureza do nosso sistema de escrita. Por outro lado, para que consigam ler diferentes textos com autonomia e escrever convencionalmente, essa compreensão, por si só, não é suficiente, pois eles precisam consolidar as correspondências grafofônicas. E, para isso, a memorização entra em jogo. A questão, portanto, não é se os alunos devem ou não memorizar, mas *como* e *quando* vão vivenciar esse processo de memorização e consolidação de tais correspondências, o que já foi discutido em outro capítulos dessa obra.

Podemos dizer que nas atividades que levam os alunos a refletir sobre as palavras (segmentar palavras em unidades sonoras, comparar palavras que possuem um mesmo som, produzir palavras com aliteração e rimas etc), como as desenvolvidas pela professora Marlene, o processo de memorização também pode ser vivenciado pelos alunos, mas, nesse caso, trata-se de reter na memória, parafraseando a professora Ana Paula, uma "relação verdadeira".

Gostaríamos de terminar essa reflexão dizendo que, mesmo com tantas mudanças teóricas no campo da alfabetização de jovens e adultos, é possível fabricar muitas maneiras de fazer os alunos adultos lerem e escreverem. E todas que promovam a autonomia deles em práticas sociais e eventos de letramento, valem à pena!

Referências

ALBUQUERQUE, Eliana B. C. Alfabetizar sem "bá-bé-bi-bó-bu": uma prática possível? In: *Desafios da Educação de Jovens e adultos: construindo práticas de alfabetização*. Belo Horizonte: Autêntica, 2004, p. 89-106.

ALBUQUERQUE, Eliana Borges Correia de; FERREIRA, Andréa Tereza. A construção/fabricação de práticas de alfabetização em turmas de Educação de Jovens e Adultos (EJA). *Educação* (UFSM), v. 33, p. 425-439, 2008.

FERREIRO, Emília. *Reflexões sobre alfabetização*. São Paulo: Cortez, 1985.

FERREIRO, Emília; TEBEROSKY, Ana. *A psicogênese da língua escrita*. Porto Alegre: Artes Médicas, 1984.

GOIGOUX, Roland. Méthodes et pratiques d'enseignenment de la lecture. *Formation et Pratiques d'enseignement en questions*, 2004.

GOIGOUX, Roland. Concevoir un instrument didactique pour améliorer l'enseignement de la comprehension de textes. *Les rates de l'apprentissage de la lecture à l'école et au collège. Repères.* n. 35. INRP. Lyon, 2007.

LEAL, Telma Ferraz. A escrita de textos em turmas de Educação de Jovens e Adultos: reflexões sobre práticas escolares. *Revej@* (UFMG), v. 2, p. 61-74, 2008.

MORAIS, Artur Gomes. O desenvolvimento de habilidades de reflexão fonológica em adultos e jovens pouco escolarizados: seu papel no aprendizado de escrita alfabética. In: LEAL, Telma Ferraz; ALBUQUERQUE, Eliana Borges Correia. (Org.). *Desafios da educação de jovens e adultos: Construindo práticas de alfabetização*. Belo Horizonte: Autêntica, 2005, v. 01, p. 151-172.

SOARES, Magda. *Alfabetização e letramento*. São Paulo: Contexto, 2003.

SOARES, Magda. Paulo Freire e a alfabetização: muito além de um método. In: SOARES, Magda. *Alfabetização e letramento*. São Paulo: Contexto, 2003.

TEBEROSKY, A. *Aprendendo a escrever*. São Paulo: Ática, 1998.

Capítulo 7
O ensino dos princípios do sistema alfabético e de suas convenções

Telma Ferraz Leal
Artur Gomes de Morais

As situações de ensino da escrita alfabética

Temos afirmado, ao longo dessa obra, que o professor precisa ser um mediador do processo de aprendizagem, cabendo a ele planejar as situações didáticas, selecionar e criar bons recursos didáticos, avaliar e redimensionar o ensino, fornecer informações necessárias, gerir o tempo e o espaço escolar.

No processo de alfabetização, tal mediação vai promover o contato do estudante com a escrita e vai ajudá-lo a construir os conhecimentos de modo gradativo, cabendo ao professor auxiliá-lo a sistematizar os saberes. Tratando da alfabetização de crianças, De Lemos (1988, p. 13) observa que a pessoa já alfabetizada exerce um papel essencial, pois é ela "que atribui um significado e/ou pede à criança que atribua um significado às marcas feitas no papel". Assim, também no âmbito da EJA, alertamos para a importância de que os que já dominam a escrita atuem como ajudantes dos que estão em processo de aprendizagem.

No caso dos jovens e adultos, as informações sobre a escrita são disponibilizadas em diferentes momentos de suas vidas. As vivências na sociedade letrada fazem com que eles participem de inúmeras situações mediadas pelos textos escritos. Assim, quando chegam à escola, já dispõem de muitos saberes, sobretudo, relativos aos usos da escrita, mas, muitas vezes, entendem muito pouco sobre o funcionamento do sistema alfabético de escrita.

Desse modo, acreditamos que é preciso sistematizar o ensino, propondo atividades que, progressivamente, levem os alunos a refletir sobre como a escrita nota/registra a pauta sonora. Tendo em mente que para planejar boas situações didáticas é importante saber de modo organizado e explícito como se organiza o objeto de ensino (no nosso caso o SEA ou sistema de escrita alfabética) e os modos como os aprendizes se apropriam desse saber, dedicamos um capítulo prévio a esses dois aspectos.

No presente capítulo, centraremos nossa atenção nos tipos de atividades que vimos presenciando em salas de aula de alfabetização de crianças, jovens e de adultos. São atividades que exigem distintas demandas cognitivas e mobilizam variados conhecimentos acerca desse sistema. Diferentes autores, como Armellini e outros (1993), Carvalho (1994), Freitag (1994), Fuck (1993), Hara (1992), Kaufman (1994), Leal e outros (1996), Rego (1988), Roazzi, Leal e Carvalho (1996), Teberosky (1993), Albuquerque, Morais e Ferreiro (2008) também descreveram propostas didáticas (sugestões ou orientações gerais) que atendem aos princípios didáticos que vimos defendendo neste capítulo. Apoiar-nos-emos nesses pesquisadores para refletir sobre as atividades propostas.

Em um trabalho anterior (LEAL, 2004), classificamos as atividades que temos analisado em livros didáticos, observações de aula e em jogos de alfabetização em nove tipos. Após tal publicação, por meio da ampliação dos estudos e novos materiais analisados, reorganizamos aquela classificação, de modo que, no presente texto, contemplamos dez tipos de atividades. Apresentaremos, a seguir, tal classificação, mas alertamos que ela não abrange todas as atividades de alfabetização possíveis e que várias atividades poderiam, a princípio, ser classificadas em mais de um tipo. A taxonomia, portanto, tem fins apenas didáticos, para melhor exposição das ideias. O importante é que na sala de aula sejam promovidas situações em que os diferentes conhecimentos possam emergir e serem foco de atenção.

Eis a categorização que formulamos hoje:

1- Atividades que buscam familiarização com as letras;
2- Atividades que objetivam a construção de palavras estáveis;
3- Atividades de reflexão fonológica;
4- Atividades de composição e decomposição de palavras escritas;
5- Atividades de comparação entre palavras escritas;
6- Atividades de escrita de palavras através do preenchimento de lacunas;
7- Atividades de permuta, inserção ou retirada de letras e sílabas para formação de novas palavras;
8- Atividades de ordenação de letras e sílabas;
9- Atividades de leitura de palavras;
10- Atividades de escrita de palavras.

Trataremos agora de apresentá-las, discutindo suas possíveis contribuições para que auxiliemos nossos alunos a compreender a lógica do sistema alfabético e a dominar as convenções do mesmo.

Atividades de familiarização com as letras

Vimos, no capítulo 2, que o conhecimento das letras (saber nomear, saber identificar e saber escrever letras isoladas) não implicava uma compreensão de como elas representam os segmentos orais das palavras, de modo a levar o aprendiz a usar letras com seus valores sonoros convencionais. Isto foi constatado tanto em estudos que investigaram os conhecimentos de crianças (LEITE, 2006) como quando os pesquisados foram jovens e adultos com diferentes níveis de escrita (AZEVEDO; LEITE; MORAIS, 2008).

Apesar dessas evidências, a experiência nos mostra que o aprendiz (jovem, adulto ou criança) se beneficia ao saber escrever, identificar e nomear as letras de nosso alfabeto. Além de poder tratá-las como objetos de reflexão (que ele identifica em diferentes palavras, em diferentes posições no interior de uma mesma palavra ou de palavras diferentes, etc.) o conhecimento das letras facilita o partilhar informações com os colegas e professores, ou com quaisquer pessoas com quem, interagindo, o aluno busca ajuda, em sua tarefa de "desvelar o funcionamento" da escrita alfabética ou de dominar as convenções ortográficas.

Assim, julgamos que um ensino que promove a familiarização com as letras (suas formas e nomes) é importante, tendo bem claro que não faz sentido ensinar primeiro as letras (ou seus sons isolados), para só depois desenvolver atividades voltadas à compreensão de como as letras funcionam ou à ampliação do letramento dos jovens e adultos.

Tratando especificamente dos "conhecimentos sobre letras", alguns objetivos didáticos principais podem ser considerados, para planejarmos atividades de familiarização com as mesmas:

1- Reconhecer e traçar as letras do alfabeto;

2- Reconhecer e traçar diferentes tipos de letras;

3- Conhecer a ordem alfabética;

4- Saber nomear cada letra.

Para atender a tais objetivos, além da atenção para as letras das palavras que aparecem nas leituras que fazemos no dia a dia na sala de aula, algumas propostas de atividades podem ser citadas, como:

- Aulas passeio com exploração de pequenos textos no meio da rua (placas, cartazes, panfletos...);

- Exploração de rótulos de embalagens conhecidos dos alunos;

- Bingo de letras em fichas de palavras (fichas com os nomes dos alunos ou com títulos de músicas ou outras palavras importantes para o grupo);

- Confecção de quadro de letras, com palavras iniciadas por cada letra.

Um exemplo de atividade voltada para a familiarização com as letras pode ser discutida com base no extrato de aula da professora Dayse Cristina Cursino Silva:

> Pedi para que eles dissessem (lessem) quais rótulos estavam no mural. Por conhecimentos prévios, disseram o nome de todos. Em seguida, fiz uma discussão com relação aos produtos que consumiam, ou seja, se eles compravam por conta do preço ou pela qualidade. Pedi para eles identificarem os produtos que eram escritos com letra cursiva e de imprensa.

Nos dias posteriores, fiz lista de compras, ditados com os produtos e outras atividades que envolviam os rótulos.

Por meio dessa atividade, a professora, além de favorecer reflexões sobre os rótulos e os hábitos de consumo dos jovens e adultos, pôde levá-los a centrar a atenção sobre o uso das letras na escrita dos textos que estavam inscritos nos rótulos. Além disso, "essa professora, na medida em que deixou os rótulos estudados disponíveis (painel), propiciou aos alunos, nas atividades seguintes, fontes de consulta quanto às letras a serem utilizadas" (LEAL, 2004, p. 94-95).

Outra forma de disponibilizar material para consulta durante as atividades de escrita é manter, no espaço das salas de aula, cartazes com as letras do alfabeto. Nas atividades de escrita em que os alunos tentam lembrar qual letra usar para compor as palavras, eles podem consultar o quadro de letras. O professor também pode estimular tal uso, pedindo aos alunos que chequem/indiquem no quadro quais letras serão usadas para escrever palavras citadas.

Atividades que objetivam a construção de palavras estáveis

Assim como o quadro de letras, quadros com palavras que os alunos já conhecem de memória também podem servir de fonte de consulta nas atividades de escrita de palavras e textos. Essas palavras que os alunos usam como fonte de consulta e que terminam aprendendo globalmente (de memória) têm sido chamadas de *palavras estáveis* ou *palavras fixas*. Muitos tipos de palavras podem ser aprendidos pelos alunos sem que eles dominem o sistema de escrita. Frequentemente, os estudantes memorizam a escrita de seus nomes, o nome da professora, da cidade, do bairro, da escola, títulos de textos, nomes de produtos industrializados em rótulos (conforme exemplificamos acima). Qualquer palavra pode se constituir como palavra estável, bastando para isso que os alunos consigam reconhecê-la globalmente.

As listas de alunos da sala são exemplos desse tipo de material. Observações de aula têm mostrado que se os estudantes sabem os nomes deles, em atividades de leitura podem descobrir onde estão escritas determinadas palavras, porque começam com o mesmo som (logo, devem ter a mesma letra!). Pode-se então sugerir, para a constituição de palavras estáveis:

- Atividades de escrita do próprio nome (com alfabeto móvel, com silabário, no papel...);
- Produção e exploração de fichas de chamada;
- Bingos com os nomes dos alunos da sala;
- Palavras cruzadas com os nomes dos alunos;
- Formação do próprio nome a partir das letras embaralhadas em um envelope;
- Bingo de rótulos.

A professora Ana Flávia Cavalcante relatou uma atividade voltada para à construção de um repertório de palavras estáveis.

> Nos primeiros dias de aula, utilizei bastante o jogo de caça palavras com o nome dos alunos. Procurei colocar esses nomes como sendo palavras estáveis. Eles, no começo, tinham dificuldades, por não terem familiaridade com esse tipo de jogo, mas, por ser com o nome deles, eles ficavam perguntando se seria aquele nome ou não e eu, enquanto professora, ia orientando. Utilizei também o bingo, tanto de palavras estáveis como de letras. Esse jogo era ótimo, pois a turma interagia muito mais entre si. Quando um aluno tinha dúvida, o outro ia ajudando. Exemplo: Quando eu sorteava uma palavra, como o nome de algum deles, e o aluno que tinha o nome sorteado não reconhecia, o outro intervinha e dizia de quem era o nome. Então, a partir disto fui criando outros bingos com palavras que tinham o som inicial ou final do nome dos alunos e, a partir disso, desencadeava discussões sobre palavras que eles conheciam. Usei também o silabário para a escrita do nome dos alunos.

Sem precisar recorrer a atividades enfadonhas de memorização de listas de palavras, a docente possibilitou que, de uma forma lúdica, a reaparição das mesmas palavras favorecesse a aquisição delas de modo global. Ana Flávia, no entanto, não limitou a tarefa à construção dessas palavras, pois ela deu continuidade à sequência, promovendo situações em que os conhecimentos das palavras eram usados para a reflexão sobre outras palavras, com as quais mantinham semelhanças.

Na verdade, a principal finalidade da estabilização de palavras na mente é exatamente a possibilidade de que os estudantes comparem tais palavras àquelas que tentam escrever, para que eles possam refletir sobre elas e gerar novos conhecimentos, com base nos saberes previamente formulados com as palavras cujas imagens guardaram.

Atividades de análise fonológica

Vimos no capítulo 3 que as habilidades de reflexão fonológica são necessárias para o aprendiz entrar na etapa de fonetização da escrita, que inclui as etapas silábica, silábico-alfabética e alfabética. O desempenho inferior revelado pelos jovens e adultos que apresentavam hipóteses pré-silábica em várias atividades de consciência fonológica sugere o quanto sua incapacidade de operar sobre os segmentos sonoros das palavras impede que avancem em sua compreensão do SEA.

Defendendo que diferentes habilidades metafonológicas estão implicadas no aprendizado do SEA e não aceitando que se reduza consciência fonológica a consciência fonêmica (ou a segmentação de fonemas em voz alta), reconhecemos a importância da consciência fonológica no processo de alfabetização e julgamos que é preciso garantir, no ensino da EJA, atividades de:

- Partição de palavras em sílabas;
- Comparação de palavras quanto ao tamanho;
- Comparação de palavras quanto às semelhanças sonoras de suas sílabas;
- Comparação de palavras quanto às semelhanças sonoras de outras unidades linguísticas menores ou maiores que as sílabas (fonemas, rimas).

Como no capítulo 3 as relações entre consciência fonológica e alfabetização são tratadas de modo mais aprofundado, faremos agora uma breve menção a alternativas didáticas já exploradas naquele texto:

- Leitura/cantoria de textos com rimas e aliterações;
- Jogos fonológicos com figuras (cujos nomes são comparados quanto ao tamanho, ou quanto a semelhanças sonoras);
- Jogos e atividades orais de reconhecimento de palavras que comecem, terminem ou tenham partes com sons similares.

Atividades de composição e decomposição de palavras escritas

Como foi dito no tópico acima, manipular os segmentos sonoros das palavras é uma habilidade fonológica importante no processo de alfabetização. Tal tipo de atividade pode ser realizada apenas oralmente, em situações, por exemplo, em que se pede aos estudantes que digam quantas sílabas tem uma palavra ou que segmentem palavras oralmente, e pode ser realizada também por escrito, favorecendo a visualização dos segmentos linguísticos. Assim, as atividades de composição e decomposição são aquelas que possibilitam explicitamente a análise e a síntese das palavras, ou seja, favorecem as reflexões acerca de que as palavras são formadas por segmentos menores (sílabas/fonemas) e que, portanto, tais segmentos são utilizados para a produção de novas palavras. Exemplos de atividades com tais características são:

- Análise – síntese de palavras em grande grupo;
- Palavra mágica (composição de palavras com as letras de outra palavra – macarrão: cama, maca, carrão...);
- Atividades de formar palavras com silabários e alfabetos móveis;
- Dominós (com peças que tenham um pedaço da palavra para completar outra peça que tenha outro pedaço da palavra);
- Quebra-cabeça (com pedaços de palavras).

A professora Ana Flávia Cavalcante Silva relatou uma experiência envolvendo atividades de composição/decomposição de palavras.

> Dentre as atividades desenvolvidas de composição e decomposição, utilizamos o silabário para formar o nome dos alunos e decompusemos os nomes deles, contando a quantidade de letras e de sílabas dos nomes. Essa atividade foi interessante, porque os alunos iam lendo as sílabas e, a partir da leitura delas, conseguiam ler e formar outras palavras.

A atividade desenvolvida pela professora é interessante porque ajuda os alunos a perceberem que as palavras são segmentadas em sílabas. A etapa da atividade em que formavam novas palavras ajuda os estudantes a perceber que um mesmo segmento gráfico pode estar presente em diferentes palavras, representando, via de regra, o mesmo segmento sonoro. A vivência de tais situações permite que o aprendiz avance na compreensão do princípio gerativo subjacente à junção das letras em nosso sistema alfabético.

Atividades de comparação entre palavras escritas

No tópico 3, ao tratarmos das atividades de consciência fonológica, falamos da importância de ajudar os estudantes a aprender a manipular segmentos sonoros, comparando as palavras quanto às semelhanças sonoras. Em atividades escritas, tal habilidade é ainda mais explicitada, pois ao comparar a escrita das palavras atentando para as semelhanças sonoras, ajudamos os jovens e adultos a perceber que segmentos gráficos semelhantes (nas palavras escritas) representam semelhanças sonoras orais dessas mesmas palavras. Além disso, tais atividades podem promover situações favoráveis de aprendizagem de correspondências grafofônicas. Dentre as atividades de comparação, podemos citar:

- Escrita de palavras que iniciam, terminam ou tenham pedaços similares;
- Busca de similaridades (quadro com palavras para que encontrem as similaridades);
- Busca de diferenças entre palavras apresentadas em pares (cota/conta; pata/pasta...).

A professora Marília Cibele Santos, em um relato de atividades vivenciadas em uma turma de alfabetização de jovens e adultos, afirmou que, quando os alunos compreendiam que palavras similares tinham escritas similares, eles passavam a utilizar mais seus conhecimentos prévios para tentar ler e escrever textos e palavras usadas nas atividades de sala de aula. Ela nos conta:

> Notei que eles adoraram ir ao supermercado pesquisar palavras estrangeiras e palavras que começassem com A, F, T, P. [...]. Fiz uma comparação com outras palavras, quanto a se iniciavam com vogais, com consoantes, quantas sílabas tinham [...].

A análise dessa atividade mostra que:

> Marília, ao solicitar que os alunos procurassem palavras começadas por A, F ou qualquer outra letra e comparar a

escrita dessas palavras, enfatizando o eixo da qualidade (quais letras encontramos nas palavras) e o eixo da quantidade (quantas sílabas tem uma ou outra, qual é a maior), fez com que os alunos percebessem que as palavras se diferenciavam tanto em relação à seleção das letras a utilizar e à ordem em que apareciam nas palavras, quanto em relação à quantidade de letras utilizadas (LEAL, 2004, p. 104).

Atividades de escrita de palavras através do preenchimento de lacunas

Ao discutirmos os tipos de atividades que precederam as de preenchimento de lacunas, enfatizamos que em uma perspectiva de aprendizagem problematizadora do sistema de escrita, nossa principal tarefa é propor situações em que os estudantes precisem pensar e manipular a língua, oralmente e por escrito.

Ao manipularem unidades linguísticas, os estudantes refletem sobre os princípios do sistema alfabético. Em uma atividades em que o professor propõe que os jovens e adultos preencham lacunas em palavras, inserindo as vogais (TR_B_LH_), por exemplo, o princípio de que toda sílaba contém vogal é enfocado. Os estudantes precisam decompor a palavra em sílabas e tentar descobrir, por meio de análise da pauta sonora, quais unidades estão faltando. Desse modo, podem centrar a atenção em algumas correspondências grafofônicas das palavras.

Ao realizar a mesma atividade, retirando as consoantes (_A_A_O), os alunos que já tenham facilidade de reconhecer as correspondências com as vogais são desafiados a analisar outra unidade constituinte das sílabas. O importante, sobretudo quando a atividade está destinada a alunos das fases iniciais de aprendizagem, é que se diga a eles quais palavras precisam ser formadas ou que sejam dadas pistas para que eles descubram qual é a palavra.

Dentre outras atividades desse tipo, pode-se citar:

- Preenchimento de lacunas em palavras com inserção de vogais;
- Preenchimento de lacunas em palavras com inserção de consoantes;
- Preenchimento de lacunas em palavras com inserção de vogais e consoantes;

- Preenchimento de lacunas em palavras com inserção de sílabas.

A professora Patrícia Aires descreveu uma situação que desenvolveu com seus alunos jovens e adultos neste formato.

> (Fiz o) jogo das cinco letras: contendo 24 tiras com palavras (em cada palavra faltava uma letra) e fichas com as vogais, o jogo consistiu em tentar completar a palavra com a vogal que faltava.

O fato de que em cada palavra faltasse apenas uma letra não deveria nunca ser tomado como indicador de que a tarefa teria sido fácil ou pouco desafiadora. Recordemos que alunos em hipóteses iniciais de escrita (pré-silábicos, silábicos) podem ter que refletir muito, para encontrar as soluções de um jogo como aquele.

Atividades de permuta, inserção ou retirada de letras e sílabas para formação de novas palavras

Neste agrupamento, podemos discutir as atividades em que os estudantes são convidados a transformar uma palavra em outra. Neste caso, eles precisam focar a atenção em detalhes das palavras e verificar que a troca, inserção ou retirada de uma letra pode transformar uma palavra em outra e, desse modo, desenvolver habilidades de análise das partes das palavras.

É importante que em tal tipo de atividade as análises das marcas gráficas ocorram de modo simultâneo às análises das unidades sonoras. Assim, são estimuladas as habilidades de consciência fonológica de modo integrado e contextualizado (na comparação de palavras). Atividades diversas podem ser citadas neste tipo de proposição:

- Atividade em que, ao acrescentar uma letra, uma palavra seja transformada em outra (cota/conta; pata/pasta...);
- Atividade em que, ao retirar uma letra, uma palavra seja transformada em outra (prato/pato; cidade/idade...);
- Atividade em que, ao acrescentar uma sílaba, uma palavra seja transformada em outra (dado/ soldado; leia/baleia...);
- Atividade em que, ao retirar uma sílaba, uma palavra seja transformada em outra (macarrão/ carrão; sapato/sapa...).

Atividades de ordenação de letras e sílabas

O princípio da ordem serial, que estabelece que, no nosso sistema de escrita, a ordem em que as letras são grafadas corresponde à ordem em que os segmentos sonoros são pronunciados, também pode ser objeto de reflexão para os aprendizes.

Atividades em que os jovens e adultos organizam as letras ou as sílabas para formar uma palavra promovem situações em que eles precisam analisar cada pedaço da palavra, estabelecendo correspondências entre partes faladas e partes escritas. Tais análises tanto podem ser feitas em relação aos segmentos silábicos (ordenar sílabas), quanto em relação aos segmentos sonoros menores (ordenar letras). Nos dois casos, a segmentação em sílabas ocorre, pois ao pensar em uma palavra para ordenar letras, o aprendiz separa os segmentos silábicos, para depois analisar seus constituintes.

A partir de nossa experiência, as principais atividades neste bloco são:

- Ordenar letras para formar uma palavra (o professor pode disponibilizar as letras de uma palavra e pedir que os alunos coloquem-nas em ordem; é importante que eles saibam qual é a palavra que será formada);
- Ordenar sílabas para formar uma palavra (o professor pode entregar envelopes com duas figuras e as fichas com as sílabas que compõem as palavras que representam as figuras);
- "Corrigir" palavras em que uma, duas ou três letras estão fora de lugar (prota => porta; secola => escola...).

A professora Dayse Alves de Araújo relatou uma sequência desenvolvida com seus alunos em fase de alfabetização que contemplava atividades de ordenação, em meio a outras atividades.

> Para os grupos dos silábico-alfabéticos e alfabéticos, entreguei um envelope com as letras, dando como pista que as letras correspondiam a dez alimentos da merenda da escola. [...]. Para os grupos dos níveis silábico-inicial, silábico de quantidade e de qualidade, foi entregue outro envelope com os alimentos, só que com os nomes separados por sílabas. A estratégia utilizada por um dos alunos do nível silábico foi lembrar os nomes dos alimentos da merenda e em seguida procurar as

letras correspondentes à sílaba inicial. Por exemplo, pensava e dizia banana e, em seguida, só procurava o BA e logo pensava em outra palavra, enquanto que os outros (alunos) procuravam completar a palavra. No caso de palavras como macarrão e laranja, os alunos, apesar de saber a quantidade de sílabas, misturavam a sua ordem, formando, por exemplo, "ranlaja", pois consideravam apenas as vogais.

No relato da docente, podemos ver que ela entregou fichas que iriam compor diversas palavras e variou o nível de dificuldade da tarefa, agrupando os alunos que tinham maior domínio do sistema de escrita e os que não tinham muitos conhecimentos sobre princípios centrais desse sistema. Para os mais experientes, a ordenação proposta era com fichas contendo as letras e, para os menos experientes, ela entregou fichas com sílabas. Por ter entregado fichas relativas a várias palavras, a atividade de fato era difícil para os estudantes, sendo necessária muita mediação da docente e a troca de informações entre os colegas. No relato, ela mostra como foi importante eles terem desenvolvido a atividade conjuntamente, pois dividiram a tarefa e socializaram saberes. Mesmo assim, ela observa que eles cometeram erros quanto à ordem das sílabas, evidenciando que realmente a atividade era desafiadora.

Atividades de leitura de palavras

Ler palavras é uma atividade importante no processo de alfabetização, tanto para os alfabetizandos que já avançaram quanto à compreensão do sistema de escrita e já conseguem ler com relativa autonomia, quanto para os que ainda estão no início dessa apropriação.

Para os que já conseguem ler, a atividade ajuda a consolidar as correspondências grafofônicas, fazendo com que armazenem as informações sobre as relações entre letras e fonemas, e automatizem tais correspondências. Estudos diversos mostram o quanto a capacidade de processamento lexical, por meio da leitura de palavras, auxilia o desenvolvimento da fluência de leitura e compreensão de textos (PERFETTI; MARRON; FOLTZ, 1996).

Desse modo, atividades que envolvem leitura de listas de palavras para localizar informações em agendas, listas telefônicas, listas de compras, rol de roupas para lavar, dentre outras são interessantes. Jogos em que os alunos têm que ler palavras (pareando com figuras) para prosseguir com suas jogadas, como os dominós e jogo de memória também estimulam a rapidez de leitura, e, portanto, a automatização das correspondências grafofônicas.

Obviamente, para o desenvolvimento da compreensão de textos, tais tipos de atividade não são suficientes, pois não auxiliam no desenvolvimento das estratégias de atribuição de sentidos aos textos. Mas são parte do processo de alfabetização, por propiciar mais fluência no reconhecimento de palavras no texto.

Para os alunos que ainda não conseguem ler, ou seja, os alfabetizandos que ainda não compreendem os princípios de fonetização do sistema de escrita, a atividade é extremamente valiosa. Ao se deparar com uma palavra e tentar lê-la, este aprendiz mobiliza os conhecimentos que já construiu e testa suas hipóteses, lançando mão, ainda, do acervo de correspondências grafofônicas que está armazenado na memória. Neste momento pode, também, recorrer a estratégias de comparar a palavra que está tentando ler com outras palavras que já lê globalmente (palavras estáveis) ou que estejam disponíveis no ambiente (quadros de palavras nas paredes, nos livros, nos cadernos). Desse modo, tal atividade

> favorece bastante as instalações de conflitos entre as hipóteses que eles têm sobre a escrita e a escrita convencional propriamente dita. Por exemplo, um aluno que acredita que pode escrever a palavra cavalo com três letras, precisa rever suas hipóteses quando é solicitado a encontrar tal palavra em um grupo de palavras como *casa, cavalo, abacaxi*, pois nenhuma dessas palavras é composta por três letras (LEAL, 2004, p. 105).

Este tipo de atividade, portanto, exige que o estudante analise as possibilidades e tente ajustar a pauta sonora ao registro gráfico. Assim, o princípio de que a cada letra corresponde, via de regra, um fonema, pode ser mobilizado, sobretudo, pelos questionamentos e auxílios que o professor e/ou colegas podem fornecer durante a atividade. Além de ajudar a enfocar tal análise desde um ponto de vista quantitativo, tarefas desse tipo podem também levar o aluno a tentar fazer análises das correspondências grafofônicas, ou seja, a usar as pistas que ele tem para descobrir quais palavras estão escritas com base em questões como: com que letra começa a palavra?, qual é a última letra?, que sons compõem as palavras?, quais as semelhanças entre as palavras dadas e as palavras já conhecidas?

Nessa tentativa de encontrar informações suficientes para "descobrir" qual é a palavra que está tentando ler, o aprendiz lança mão, portanto, de pistas disponíveis na própria tarefa. Exemplos de atividades desse tipo podem ser ilustrados na lista abaixo:

- Ditado cantado (encontrar a palavra que foi indicada pelo professor quando parou de cantar uma música que estava sendo acompanhada pelos alunos no texto escrito);
- Caçada de palavras (encontrar a palavra ditada em uma lista de palavras);
- Quebra-cabeça de pareamento de palavras figuras (inserção de 3 palavras e 3 figuras para os estudantes parearem, descobrindo qual é a representação gráfica de cada figura).

O exemplo da professora Clarissa Barbosa ajuda-nos a entender mais um pouco essas estratégias:

> A maioria dos meus alunos trabalhou na roça e este fato me inspirou a levar a música "O cio da terra". Escutamos e cantamos a música. Perguntei se gostaram. Pedi para falarem sobre o que diz a música e eles responderam muito familiarizados com o tema. Depois disso, pedi para cada um falar da experiência na roça. Em seguida, escolhi palavras como "terra", "pão", "trigo", "cana" e escrevi no quadro fora da ordem para eles descobrirem-nas.

Na atividade descrita, a professora escreveu as palavras e perguntou onde estava cada uma delas. Desse modo, os estudantes poderiam, coletivamente, usar pistas diversas para descobri-las. Por exemplo, eles poderiam descobrir onde estava a palavra *trigo* porque algum deles lembrou que *trigo* inicia do mesmo modo que *Tiago*. Outro poderia dizer onde estava a palavra *cana* porque termina igual a *banana*. Assim, o grupo poderia socializar conhecimentos e, ao mesmo tempo, explicitar que tais tipos de análises são importantes para que a palavra seja reconhecida, o que pode ser muito produtivo para o aluno que ainda está com conhecimentos bem elementares. Este aluno pode contar, na atividade, com a experiência dos colegas.

A professora Ana Flávia Cavalcante também relatou sobre esse tipo de atividade:

> Iniciamos a aula tendo como leitura deleite a música de João do Vale, "Minha História". A partir da história que João do Vale conta na música, fizemos uma pequena discussão. Então entreguei aos alunos, que se dividiram em duplas, fragmentos da música. Expliquei a eles que ditaria uma palavra e eles teriam que procurar/identificar essa palavra naquele pedaço de música. Cada dupla ficou com uma estrofe diferente e eu dizia palavras diferentes.

Mais uma vez, os estudantes teriam que lançar mão das pistas para descobrir as palavras. É interessante observar que mais uma vez a atividade é coletiva. Não mais com a participação inicial do grande grupo, mas com o agrupamento de duplas. Esta é uma estratégia importante por estimular a troca de conhecimentos e a explicitação dos saberes.

Escrita de palavras

Assim como a leitura de palavras é uma atividade importante tanto para os alfabetizandos que já se apropriaram do sistema de sistema de escrita, quanto para aqueles que ainda estão iniciando tal apropriação, também a escrita de palavra pode ser assim concebida.

Os estudantes que já entenderam o funcionamento do nosso sistema de escrita precisam, via de regra, de um tempo para consolidar as correspondências grafofônicas. Ao tentarem escrever, eles têm que mobilizar as informações armazenadas na memória, para selecionar quais letras irão usar para escrever cada palavra. Em atividades de escrita de palavras, eles podem automatizar tal busca. Assim, nas atividades de escrita de listas de palavras, como agendas, listas de compras, listas de tarefas a executar, dentre outras, eles podem ganhar maior agilidade na escrita. Os jogos em que precisam escrever palavras também são ricos recursos didáticos.

Para os estudantes que estão começando a entender o sistema alfabético, essas atividades precisam ser frequentes e serem realizadas de modo que as dúvidas e as estratégias de escrita sejam foco da discussão entre os integrantes do grupo-classe. O planejamento desse tipo de atividade requer do professor um olhar apurado sobre o que os alunos fazem, na busca de entender suas hipóteses e suas dúvidas. Desse modo, não se busca, na perspectiva interacionista, apenas checar se os alunos escrevem corretamente, mas, sim, propiciar situações de reflexão. Em outra obra, discutimos tal questão, apontando que:

> escrever palavras mesmo antes de dominar a escrita alfabética e sem que haja treino dessas palavras era uma atividade pouco freqüente quando se acreditava que a aprendizagem ocorria através da memorização dos padrões silábicos. A partir do momento em que se percebeu que os alunos são capazes de pensar e tentar descobrir a lógica das relações entre escrita e som, passou-se a solicitar com mais freqüência que os alunos, mesmo nos estágios iniciais de aprendizagem, escrevam. Nessas atividades, os alunos fazem um esforço grande de tentar descobrir quantas e quais letras utilizar para escrever. Assim, eles mobilizam todos os conhecimentos construídos e buscam o apoio nos professores, nos colegas, nos recursos que estão no ambiente escolar, e aos poucos começam a grafar cada pedaço das palavras (LEAL, 2004, p.107).

Algumas atividades podem ser citadas com tais propósitos:

- Ditado de palavras pelo professor (ou de uma criança para outra), com discussão posterior das diferenças entre as escritas dos estudantes e a escrita convencional da palavra;

- Ditado mudo (com acompanhamento do professor, passando entre os alunos);

- Escrita de listas de palavras;

- Escrita de palavras em jogos de grupos ("adedonha", também chamado "animal, fruta, pessoa").

A professora Patrícia Aires relatou uma sequência de atividades voltadas para a escrita da "agenda da turma". A sequência durou quinze dias e foi iniciada com a leitura de um texto relacionado com o tema "Eu, família e escola". A aula descrita por Patrícia foi realizada no 17º dia letivo.

> Foi realizada a leitura do texto, depois foram feitos comentários. [...]. Eu perguntei quais as pessoas da sala que tinham o seu nome começado pela letra A. Pedi para que cada aluno

escrevesse o nome dos alunos com a letra A (Anadir e Adriano). Depois solicitei que o aluno dissesse seu endereço, para que os outros tentassem escrever. Os alunos estavam trabalhando em duplas de níveis diferentes. Os alunos dos níveis iniciais não chegaram a escrever os endereços, pois eles ficaram envolvidos na escrita dos nomes dos colegas, discutindo como esses nomes deveriam ser grafados. Os silábico-alfabéticos e alfabéticos puseram-se a escrever os endereços. Depois de escrito o nome e o endereço, cada um dizia como havia escrito e eu escrevia no quadro e perguntava o que eles achavam, como poderia ser escrito, em qual das alternativas estava escrito o nome e o endereço considerados corretos.

Patrícia Aires promoveu, por meio dessa atividade, situações em que as dúvidas, as hipóteses e as soluções eram discutidas e os estudantes podiam checar com os colegas se suas escolhas estavam apropriadas. Escrever os nomes dos colegas é um meio de pensar sobre a escrita de palavras, tendo acesso a informações variadas, advindas de diferentes participantes do grupo e não apenas da professora.

Como já vimos discutindo, a apropriação do sistema alfabético ocorre por meio do desenvolvimento de diferentes habilidades, construção e sistematização de diversos tipos de informações. Compreender o funcionamento do sistema de escrita, ou seja, os princípios que regem as relações entre a pauta sonora e o registro gráfico, é fundamental, pois, sem tal compreensão, os estudantes podem ser apenas "copistas". Mas, além dessa compreensão, é necessário dominar as correspondências entre grafemas e fonemas.

Tal domínio requer um trabalho de memorização, pois tais correspondências são convenções. A que letra pode corresponder cada fonema é uma questão que exige armazenamento na memória. Claro que, além desse tipo de conhecimento, há a apropriação de regras ortográficas que, no caso, exige um trabalho reflexivo, com apoio, muitas vezes, de regras gerativas (MORAIS, 1998). No momento, estamos nos dedicando a pensar na aprendizagem inicial acerca das possíveis correspondências. A aprendizagem das regras ortográficas para resolver os conflitos entre letras que "disputam" é um processo que exige mais tempo e, via de regra, inicia durante o processo de apropriação do sistema alfabético de escrita e continua por toda a escolarização.

Na alfabetização, o estabelecimento das correspondências grafofônicas é centrado, sobretudo, no conhecimento acerca de quais pareamentos são possíveis de serem feitos. Assim, torna-se necessário pensar em atividades que auxiliem os jovens e adultos a conhecer todas as letras e os fonemas que podem ser representados por elas. Assim,

> pode-se pensar em planejar situações de sistematização em que cada letra seja apresentada sem que haja preocupação com o domínio da escrita ortográfica de palavras que exijam conhecimentos de normas mais complexas ou de treino de escrita de palavras com motivações irregulares (LEAL, 2004, p. 110).

Além de atividades de escrita já mencionadas no início desse tópico (como "palavras cruzadas" e o jogo "adedonha"), listamos abaixo algumas que se prestam especialmente para ajudar alunos que precisam consolidar as relações letra-som de nossa língua:

- Pesquisa de palavras que iniciem com a letra "X" ou com a sílaba "X";
- Baralho de ordenar palavras alfabeticamente;
- Escrita de dicionários temáticos;
- Ditado temático, com fichas (figuras em um envelope) para correção ou com trocas entre os alunos para correção.

E os textos, onde ficam???

Em capítulos anteriores desta obra defendemos uma concepção de alfabetização na perspectiva do letramento. Apontamos algumas razões para que o trabalho voltado para a apropriação do sistema de escrita fosse realizado de modo concomitante às ações de leitura e produção de textos.

É preciso ficar claro que assumimos que o trabalho com textos favorece tanto a ampliação do letramento dos estudantes, quanto a aprendizagem da base alfabética. Tal como já exemplificado em outros capítulos, nada impede que os textos também sejam ponto de partida para as atividades que levam à reflexão sobre os princípios do sistema alfabético.

Ao se debruçarem sobre textos rimados ou conhecidos de cor, os alunos que ainda não sabem ler podem, além de desenvolver estratégias de leitura (tais como a elaboração inferencial e o estabelecimento de relações intertextuais, dentre outras), focar no ajuste do sonoro ao escrito. Assim, com aqueles textos podemos, além da leitura e discussão, privilegiar jogos de montagem dos mesmos (a partir de palavras ou versos embaralhados) e fazer reflexão fonológica sobre as palavras que trazem rimas e aliterações.

A professora Patrícia Correia promovia frequentemente uma atividade em que seus alunos precisavam colocar em ordem pedaços de um texto que sabiam de memória.

> A aula começou com a leitura da parlenda "Hoje é domingo". Como todos os alunos já conheciam a parlenda, a turma foi dividida em grupos que estavam no mesmo nível de apropriação e foram entregues envelopes contendo a parlenda dividida em partes. Os alunos que estavam no silábico-alfabético ou alfabético recebiam o envelope com divisão da parlenda em letras. Quem estava no silábico recebeu a parlenda separada em frases. O objetivo da atividade era que os alunos conseguissem montar a parlenda de forma correta, principalmente porque eles já a tinham memorizado. Eu circulava de banca em banca para auxiliar os alunos que sentissem dificuldades ou tivessem alguma dúvida na execução da atividade. O que mais me impressionou foi o fato de uma aluna, que nunca havia frequentado escola antes, ter ficado emocionada por conseguir montar a parlenda. Para uma turma que só queria ter aulas no estilo tradicional, eles até que participaram bem da atividade. Tinham entusiasmo e, como estavam em grupo, consultavam e ouviam as sugestões dos colegas, para poder continuar montando a parlenda.

Nessa atividade, os alunos que não dominavam a escrita alfabética se viam diante do desafio de buscar pistas, partilhar conhecimentos para encontrar cada pedaço, ajustando o que eles sabiam de memória e o que estava registrado nas fichas. Em outra obra destacamos que:

> Montar um texto sem saber decodificar as palavras parece, para alguns educadores, ser uma tarefa impossível. Interessante perceber que a turma de Patrícia participou intensamente e não

148

desistiram da tarefa. Parece-nos que isso se deva a dois motivos principais: (1) a professora estava auxiliando os alunos, dando pistas e fazendo com que eles usassem os conhecimentos prévios de que dispunham e (2) os alunos estavam aprendendo a resolver problemas com base em estratégias já adquiridas (LEAL, 2004, p. 106).

Tal atividade envolvia textos, mas, na situação agora analisada, o objetivo central era a aprendizagem do sistema de escrita. Outras atividades podem ser conduzidas com tal propósito. O importante é perceber que a atribuição de sentidos deve ser um dos focos da situação didática. O contato com a variedade de textos e a busca de entender para que servem e em que contextos foram produzidos, continua sendo o eixo do trabalho de leitura e produção textual. Mas nada impede que, após interagir com o texto em sua dimensão discursiva, o aluno reflita sobre as palavras que nele aparecem.

Comentários finais

Os tipos de atividades citados nesse capítulo são exemplos de situações que temos visto em aulas voltadas para jovens e adultos em processo de alfabetização. Sem dúvida, outras atividades podem ser citadas. Nosso propósito maior é defender um ensino diversificado, problematizador, que considere o professor como um mediador que planeja o cotidiano da sala de aula, organiza e seleciona materiais e que, portanto, precisa ter clareza sobre como se organiza o objeto de ensino que está sendo enfocado, no caso o sistema de escrita alfabética; os modos como os alunos se apropriam desse conhecimento; e as estratégias de ensino que podem ser adotadas. Assim, defendemos o pressuposto de que:

> o aluno, através da interação mediada pela língua escrita, e através dos desafios que o professor propõe, é capaz de refletir sobre como a escrita se constitui. No entanto, é indispensável perceber que não é a atividade em si que conduz ao conhecimento, mas a ação do aprendiz mediada pelas informações e intervenções que o professor realiza durante a atividade, assim como pelas trocas de informações entre pares (interação entre alunos). Por esta razão, não se pode deixar de refletir sobre a postura que o professor precisa assumir. Nessa

perspectiva, o professor apresenta-se como um interlocutor que vai, durante todo o processo, atribuir significados às tentativas de escrita dos alfabetizandos (LEAL 2004, p. 113).

Referências

ALBUQUERQUE, Eliana B. C.; MORAIS, Artur G.; FERREIRA, Andrea T. B. As práticas cotidianas de alfabetização: o que fazem as professoras? *Revista Brasileira de Educação*, v. 13, p. 252-264, 2008.

ARMELLINI, Neusa J.; OTERO, Elisabete S.; ALLGAYER, Renita L. e BAQUERO, Rute V.A. *Alfabetização de adultos: recuperando a totalidade para reconstruir a especificidade*. Porto Alegre: Ed. UFRGS, 1993.

AZEVEDO, Sílvia; LEITE, Valdete; MORAIS, Artur. *Relações entre o conhecimento de letras e a compreensão da escrita alfabética entre alfabetizandos adultos*. Trabalho de conclusão de curso de graduação em Pedagogia. UFPE, 2008.

CARVALHO, Marlene. *Guia prático do alfabetizador*. São Paulo: Ática, 1994.

DE LEMOS, Cláudia T. G. Prefácio. In: KATO, Mary (Org.). *A concepção da escrita pela criança*. São Paulo: Pontes, 1988.

DE LEMOS, Cláudia T. G. Sobre a aquisição da escrita: algumas questões. In Roxane Rojo (Org.). *Alfabetização e letramento: perspectivas lingüísticas*. Campinas: Mercado de Letras, 1998.

FREITAG, Bárbara. *Diário de uma alfabetizadora*. 2. ed. Campinas: Papirus, 1994.

FUCK, Irene T. *Alfabetização de Adultos: Relato de uma experiência construtivista*. Petrópolis: Vozes, 1993.

HARA, Regina. *Alfabetização de adultos: ainda um desafio*. São Paulo: CEDI, 1992.

KAUFMAN, Ana Maria. *A leitura, a escrita e a escola: uma experiência construtivista*. Porto Alegre: Artes Médicas, 1994.

LEAL, Telma F. A aprendizagem dos princípios básicos do sistema alfabético: por que é tão importante sistematizar o ensino? In: ALBUQUERQUE, Eliana Borges C. de; LEAL, Telma Ferraz. *A alfabetização de jovens e adultos em uma perspectiva do letramento*. Belo Horizonte: Autêntica, 2004.

LEAL, Telma F.; LIMA, Maria do Socorro. M.; MACHADO, Neusa; SOLANO, Luiza. *Ler para viver: alfabetização de adultos em discussão*. Teresina / Brasília: PMT, UFPI, 1996.

LEITE, Tânia Maria S. B. R. Alfabetização – Consciência Fonológica, Psicogênese da Escrita e Conhecimento dos Nomes das Letras: um ponto de interseção. *Dissertação de Mestrado*, Programa de Pós-Graduação em Educação da Universidade Federal de Pernambuco. Recife: UFPE, 2006.

MAYRINK-SABINSON, M. L. T. Reflexões sobre o processo de aquisição da escrita. In Roxane Rojo (Org.). *Alfabetização e letramento: perspectivas lingüísticas*. Campinas: Mercado de Letras, 1998.

MORAIS, Artur G. Se a escrita alfabética é um sistema notacional (e não um código), que implicações isto tem para a alfabetização? In: MORAIS, Artur Gomes de; ALBUQUERQUE, Eliana Borges C. de; LEAL, Telma Ferraz (Org.). *Alfabetização: apropriação do sistema alfabético de escrita*. Belo Horizonte: Autêntica, 2005.

MORAIS, Artur G. *Ortografia: ensinar e aprender*. São Paulo: Ática, 1998.

PERFETTI, C.A.; MARRON, M. A.; FOLTZ, P. W. Sources of comprehension failure: therotical perspective and case studies. In: CORNOLDI, C.; OAKHILL, J. (Orgs). *Reading Comprehension difficulties – processes and intervention*. Mahwah, N.J.: Lawrence Erlbaum, 1996.

REGO, Lúcia L.B. *Literatura infantil: uma nova perspectiva da alfabetização na pré-escola*. São Paulo: FTD, 1988.

ROAZZI, Antonio; LEAL, Telma Ferraz; CARVALHO, Rosário. *A questão do método no ensino da leitura e da escrita*. Coleção Curto Circuito. Teresina: APECH / UFPI, 1996.

TEBEROSKY, Ana; GALLART, Marta S. (Org.). *Contextos de alfabetização inicial*. Porto Alegre: ArtMed, 2004.

TEBEROSKY, Ana. *Psicopedagogia da linguagem escrita*. 5. ed. Petrópolis: Vozes, 1993.

Capítulo 8
Sugestões de atividades para alfabetização na perspectiva do letramento: mais algumas reflexões

Eliana Borges Correia de Albuquerque
Telma Ferraz Leal

Como vimos falando nos capítulos anteriores deste livro, os alunos que retornam às turmas de alfabetização de jovens e adultos, pela própria trajetória de vida, possuem uma série de conhecimentos sobre a escrita alfabética, conhecimentos esses que não são suficientes para que se insiram, com autonomia, em práticas de leitura e de escrita diversas. Por outro lado, dominar o SEA não é suficiente para que alguém possa ser considerado alfabetizado, uma vez que esse conceito sofreu uma série de redefinições e, em uma sociedade na qual as práticas de leitura e escrita têm se tornado cada vez mais complexas, esse termo passou a englobar, também, a capacidade de ler e escrever não só um bilhete simples, mas gêneros diversos em contextos diferenciados. Assim, nas turmas de alfabetização de pessoas jovens e adultas, essas duas dimensões da alfabetização – a aprendizagem do SEA e da linguagem que se usa para escrever diferentes textos – precisam ser contempladas. Como vimos defendendo ao longo dos capítulos, é preciso "alfabetizar letrando", ou seja, ensinar a ler e escrever no contexto dos usos da leitura e da escrita de textos.

Nesse último capítulo, apresentaremos e comentaremos alguns relatos de aulas[1] envolvendo o trabalho com textos de diferentes gêneros, na perspectiva da integração entre atividades de compreensão e produção de textos orais e escritos e apropriação da escrita alfabética. Destacaremos que é possível trabalhar com textos conhecidos dos alunos, explorando suas características e, nesta exploração, realizar atividades de reflexão sobre a escrita alfabética, ao mesmo tempo em que se propõem outras atividades que envolvem a compreensão e produção de textos orais e escritos.

Para cada relato de experiência apresentado e comentado, acrescentaremos uma sugestão de sequência de atividades na perspectiva de enriquecer ainda mais o trabalho docente na área do ensino da língua portuguesa em turmas de alfabetização da Educação de Jovens e Adultos.

Trabalhando rótulos em sala de aula: relato de uma experiência

O trabalho com rótulos vem sendo desenvolvido em turmas de alfabetização de jovens e adultos com frequência. Os nomes dos produtos, reconhecidos pelos alunos, podem servir – e têm servido – como palavras estáveis para a escrita de outras palavras. Nas salas de aulas encontramos frequentemente cartazes com rótulos, confirmando o interesse dos docentes pelo trabalho com tal tipo de material. A seguir, apresentaremos um relato da professora Alery Felinto de Santana, que, por meio de uma sequência de atividades envolvendo rótulos de embalagens, explorou os diferentes eixos do ensino de Língua Portuguesa.

> A atividade durou quase quatro aulas entre sua preparação e fechamento; tratou-se de expor os alunos a nomes de marcas conhecidas, estimulando-os a observar um material escrito que é tão presente no cotidiano.
>
> O primeiro passo foi falar sobre a questão das marcas dos produtos, debatendo com os alfabetizandos sobre: a publicidade, a propaganda, o porquê das cores e da forma da letra.

---

[1] Os depoimentos utilizados neste capítulo foram selecionados em um banco de relatos de aula coletados em um projeto de pesquisa e de extensão desenvolvidos no âmbito do Programa Brasil Alfabetizado, sob parceria entre MEC, UFPE e Prefeitura do Recife, no período de 2003 a 2009.

Isto fez com que eles pensassem sobre a possibilidade de ler não pela decodificação das letras, mas sim através de diversas estratégias que fazem reconhecer e distinguir produtos e marcas; sendo este um exemplo de sua inserção no mundo letrado.

A maioria deles falou da questão das marcas mais caras, que nem sempre são as melhores, e que as cores e o nome dos produtos servem para atrair compradores. Encaminhei o debate sobre as frases que acompanham a propaganda dos produtos como: "Skol: a cerveja que desce redonda"; "frevo: o sabor do verão" etc, mais tarde eles precisariam lembrar-se disto.

Nesta aula, contei a eles que planejava fazer um bingo. Chamei a brincadeira de BINGO DE RÓTULOS. Disse que já tinha alguns rótulos em casa e os colocaria nas cartelas, mas que era importante que eles trouxessem outros de suas casas. Então, dividimos a turma para que uns ficassem responsáveis para trazer rótulos de produtos de LIMPEZA, outros de PERFUMARIA e outros de ALIMENTOS e discutimos um pouco as características destas três palavras.

Numa segunda aula, em paralelo a outros assuntos, continuei a falar sobre os rótulos. Vários alunos os trouxeram de casa, mostrei alguns que eu já tinha e os que eles trouxeram, destacando a capacidade deles de compreender de que produto se tratava. Alguns nomes eram postos no quadro para que lessem juntos. Conversei com eles sobre a questão de que certos produtos não obedeciam às características convencionais da língua, por exemplo: PARMALAT, que tem o "T" final mudo; MAIZENA, que poderia ser com "S" no lugar do "Z" por causa das vogais e o papel toalha SCALA, que começou igual ao nome SPORT (um time de futebol do Recife). Falei sobre os que utilizam palavras estrangeiras, como o tão conhecido CREAM CRACKER = Creme craque. E sobre os que são escritos com Y, W, K, por exemplo: CAFÉ CIROL ROYAL, KI-SUCO e WAFER. Essas letras foram relembradas e seus sons debatidos.

Na terceira aula da sequência aconteceu o esperado BINGO DE RÓTULOS. No início lemos juntos a maioria das marcas. Nas cartelas coloquei nove marcas diferentes, reproduzi as letras no formato que elas tinham na embalagem, mas escrevi todas na cor preta. Foi bastante agradável, os produtos eram sorteados em uma grande caixa e a maioria dos alunos conseguia identificar e marcar suas cartelas. Tivemos três batidas e três simbólicas premiações. Em seguida, a sala foi dividida em grupos, misturando os alunos com níveis de compreensão do sistema de escrita distintos, e as seguintes instruções foram dadas: vamos criar um produto fantasia (que não exista no mercado) e tentar dar a ele cores que sejam atrativas aos compradores (poder de persuasão através da propaganda). Os alunos podiam e deviam se basear nos modelos disponíveis e precisavam também criar uma frase para valorizar a venda do produto. Foi dito antes que os cartazes de cada grupo seriam colocados na parede da sala e os colegas iriam apresentar uns para os outros. Na medida em que era solicitada, eu ajudava os alunos na escrita das frases.

Por fim, em uma quarta aula, foram dados os últimos retoques nos trabalhos, as apresentações foram feitas e os cartazes colocados na parede. Motivo de orgulho para aqueles estudantes verem seu produto fantasia exposto. Foi uma experiência muito satisfatória. Exemplos do que foi criado:

- FAÇA FEITO ROMÃO QUE SÓ TOMA BANHO COM SABONETE DE LÍRIO.

- LEITE LEBOM – PORQUE TUDO QUE É BOM TEM QUE TER LEBOM.

- REAL SUCO – A FORMA MAIS GOSTOSA DE LEVAR UMA VIDA SAUDÁVEL. (Alery Felinto de Santana, Programa Brasil Alfabetizado, Recife, 2003)

Como os diferentes eixos do ensino da Língua Portuguesa foram trabalhados nessa sequência de atividades envolvendo rótulos?

Os alunos leram, nos rótulos das embalagens, tanto as palavras que nomeavam os produtos, como textos correspondentes a *slogans* presentes em algumas embalagens. O vocabulário também foi enfocado, ao discutirem sobre as palavras "perfumaria", "limpeza" e "alimentos".

Em relação à oralidade, a professora promoveu uma discussão explorando as características dos rótulos (função, apresentação gráfica, etc.). No final da sequência, os alunos, depois de terem lido *slogans* de alguns produtos, foram solicitados a criar rótulos para produtos fictícios, com produção de frases correspondentes a *slogans*. Essas produções seriam apresentadas em cartazes e no último dia deveriam ser compartilhadas com os colegas. Pelo depoimento da professora, os alunos se envolveram em cada etapa da atividade. Nessa sequência de atividades, os alunos leram textos correspondentes a slogans, que fazem parte do nosso cotidiano, tanto para aprenderem sobre eles e perceberem suas funções e características, como para com base nesses conhecimentos, produzirem *slogans* para produtos fictícios. Na atividade de produção de texto foi indicado o gênero e a finalidade, embora essa fosse fictícia. Os interlocutores dos textos eram os próprios colegas de sala. Algumas características dos rótulos foram objeto de reflexão, enriquecendo a atividade.

Além da leitura e produção de slogans, outros trechos dos rótulos das embalagens poderiam ser trabalhados, como a lista de ingredientes dos produtos ou a informação composicional, dentre outros.

No que se refere ao eixo da apropriação da escrita alfabética, os alunos leram palavras correspondentes a marcas e nomes dos produtos e realizaram bingos envolvendo essas palavras. Ao ler as palavras que, em alguns casos, já conheciam de cor, os alunos puderam estabelecer relação entre os sons que as compõem – a pauta sonora – e suas representações gráficas. Seria interessante que além da leitura das palavras e da realização de bingos, os alunos fossem levados a realizar outras atividades, tais como:

- Comparar nomes e/ou marcas de produtos que possuem um mesmo som, como por exemplo: NESCAU, NESCAFÉ, NESTON, NESTLÉ; LIMPOL e ATOL; VITAMILHO e NOVOMILHO; Agrupar os rótulos que têm sons parecidos; Produzir outras palavras que comecem ou terminem da mesma forma que as palavras encontradas nos rótulos;

- Decompor palavras presentes nos rótulos para encontrar novas palavras (MILHO em NOVOMILHO e VITAMILHO; ATO em ATOL; ANO em MINUANO).

Destacamos a importância dessas atividades para que os alunos percebam como o sistema alfabético de escrita funciona. Se eles são expostos, na escola, a atividades como estas, fora da escola, nos momentos em que eles se depararem com certos produtos, eles podem, sozinhos, tentar estabelecer relações como as que foram vivenciadas na sala de aula. Para enriquecer e dar continuidade ao trabalho, poderíamos sugerir outra sequência didática para o aprofundamento das reflexões sobre os textos publicitários.

Sugestão de sequência com propagandas impressas e debate

1- Levar várias propagandas em cartazes, panfletos, revistas, jornais para a sala de aula e pedir que os estudantes, em grupos ou duplas, analisem os textos e indiquem o que há de comum entre eles.

2- Discussão sobre as características dos textos, com base nas exposições do grupo, destacando que os textos têm finalidades semelhantes (convencer as pessoas a comprar algum produto ou serviço), tipos de destinações semelhantes (destinatários plurais, desconhecidos, mas com foco em alguns grupos específicos, dependendo do produto: crianças, pessoas com maior ou menor poder aquisitivo, profissionais de um determinado ramo, pessoas com problemas de obesidade...), suportes textuais semelhantes, mas variados (jornais, revistas, panfletos, outdoor, cartazes...), recursos variados para causar efeitos estéticos (imagens, cores, diversificação nos tipos de letras, estratégias de diagramação variadas...), presença de frases de efeito, com apelos, dentre outras características.

3- Sistematização no quadro das características discutidas, com base nas informações que os estudantes explicitam. Pode ser estimulado que os estudantes ditem as informações organizando um texto didático que sirva de apoio a outras atividades posteriores.

4- Leitura de propagandas para identificação das frases de efeito (em dupla). Os alunos teriam que inicialmente tentar encontrar a frase de efeito no texto e depois teriam que tentar ler tais frases, com ou sem ajuda do professor, dependendo do nível de domínio do sistema de escrita alfabética.

5- Discussão de uma proposta de produção de propagandas impressas para divulgar estabelecimentos comerciais e serviços de pessoas do bairro, com planejamento das etapas de trabalho. Solicitar que os alunos escolham alguns estabelecimentos comerciais ou pessoas que oferecem serviços (mecânico, eletricista, encanador...).

6- Planejamento de uma entrevista com os donos dos estabelecimentos ou profissionais que terão seus produtos e serviços divulgados, para coletar informações e entender o que precisa ser divulgado.

7- Em grupos, produzir propagandas para os serviços/estabelecimentos escolhidos, retomando as anotações feitas sobre as características do gênero feitas pelos estudantes.

8- Revisão das propagandas produzidas em grande grupo.

9- Elaboração de uma carta convite aos donos dos estabelecimentos comerciais/ profissionais, para que participem de uma conversa com o grupo sobre seu trabalho.

10- Evento em sala de aula, com lanche coletivo, para conversa com os donos dos estabelecimentos comerciais/profissionais, para entrega das propagandas aos donos dos estabelecimentos comerciais e avaliação dos textos com ele.

11- Leitura de novas propagandas coletadas pelos estudantes e professores, em grande grupo.

12- Discussão em grande grupo sobre as frases de efeito: cada grupo lê para a turma a sua frase de efeito e depois o professor medeia a discussão em que eles interpretam as frases de efeito, fazendo relação entre elas e as imagens e outras informações constantes no texto. Na discussão, poderiam buscar sentidos implícitos no texto que remetam a estereótipos criados sobre grupos sociais diversos: a mulher como dona de casa, o homem como o responsável pelas despesas domésticas, os padrões estéticos de beleza difundidos nas propagandas, a valorização da pessoa pelo poder aquisitivo (os que têm mais poder de compra, são mais valorizados), a valorização do sucesso, com estímulo à competição.

13- Discussão sobre uma proposta de organização de um debate na escola sobre um (ou mais de um) estereótipo difundido nas propagandas.

14- Leitura de textos sobre o tema escolhido e discussão em sala de aula, para anotações de argumentos de concordância ou não com os estereótipos criados.

15- Escolha das pessoas que farão a mediação do debate e planejamento do formato do debate: indicação das pessoas que farão a abertura do debate, levantando as questões polêmicas e os argumentos pesquisados; indicação da forma de inscrição para as falas; tempo de fala; dentre outros.

16- Elaboração de cartazes convidando os alunos da escola e pessoas da comunidade para participar do debate.

17- Evento na escola, com o debate planejado.

18- Avaliação pelo grupo de todo o trabalho desenvolvido, com registro do que eles aprenderam por meio das atividades da sequência.

Em uma sequência como essa, os gêneros são tomados como objeto de reflexão e os estudantes podem experimentar ações de teorização sobre como funcionam os textos na sociedade e como se organizam as práticas de linguagem. Em relação às propagandas, eles podem ser estimulados a refletir sobre as finalidades do gênero, os tipos de destinatários e suportes textuais, além de enfocarem os recursos linguísticos e outras estratégias de persuasão. Tais reflexões são produtivas tanto para desenvolver as habilidades de leitura quanto de produção de textos. Em relação ao debate, também foram propostas atividades que ajudam a entender o funcionamento do gênero, os papéis desempenhados pelos que participam dessas situações, quais os tipos de regras que normalmente se estabelecem socialmente.

Assim, o eixo da oralidade é contemplado em vários momentos da realização do debate regrado, bem como são propostas situações de discussão mais informais, que também auxiliam a desenvolver habilidades orais. As aprendizagens são múltiplas: planejar um debate, propondo e seguindo regras; apresentar seus pontos de vista, justificá-los e refutar opiniões contrárias; analisar a consistência dos argumentos dos outros participantes; ouvir com atenção; anotar informações importantes para planejar suas próprias falas. Na atividade de planejamento e realização de uma entrevista também podem ser citadas habilidades importantes: planejar uma entrevista e elaborar roteiros; elaborar questões pertinentes; ouvir com atenção e anotar as respostas dadas. Essas, dentre outras habilidades, podem ser estimuladas neste tipo de sequência.

No eixo da leitura, os estudantes podem se familiarizar com propagandas; aprender a identificar frases de efeito (localizar informações no texto) e analisá-las criticamente; estabelecer relações entre texto verbal e imagens; comparar textos; apreender sentidos gerais dos textos; dentre outras. Essas atividades, sem dúvida, ajudam a desenvolver habilidades fundamentais que podem ser transferidas para muitas outras situações de leitura.

Quanto à produção de textos, os estudantes podem analisar propagandas, para refletir sobre como elas se organizam e produzir propagandas, buscando inserir frases de efeito e outros recursos persuasivos. Este gênero, apesar de curto, exige um planejamento e conhecimentos sobre suas especificidades. Além disso, os estudantes também podem ser estimulados a revisar os textos, desenvolvendo atitudes de revisão textual. Na produção de cartazes de divulgação do debate e da carta convite, também os alunos podem ser chamados a refletir sobre suas especificidades e representar seus interlocutores para que eles possam atender ao convite feito. Além das propagandas, cartazes e convites, os alunos produzirão anotações de apoio para o debate. Fazer anotações é também uma habilidade importante, pois, em diferentes momentos da nossa vida, anotamos informações com finalidades diversas: não esquecer tarefas a serem cumpridas; organizar o que faremos; organizar como vamos falar determinada coisa, principalmente em situações públicas. Os textos didáticos (cartaz com informações sobre o gênero) também foram produzidos. Aprender a fazer esquemas e roteiros com organização de conhecimentos em construção é muito importante, pois sabemos que muitas pessoas têm dificuldades relativas a como estudar, como organizar seus saberes e como sistematizar o que já sabem para buscar o que ainda não sabem. Nesta sequência tal preocupação também pode ser contemplada.

O eixo da apropriação do sistema alfabético também poderia ser contemplado, pois os estudantes, mesmo que não saibam ler, podem usar seus conhecimentos prévios para tentar ler as frases de efeito, fazendo o ajuste do sonoro ao escrito. A mediação do professor é muito relevante, mas a socialização entre eles também pode ser muito produtiva. Na atividade de escrita também há mobilização do que eles já sabem e, com o apoio do professor, podem tentar estabelecer as correspondências grafofônicas necessárias para que os textos sejam legíveis.

Por fim, mas não menos importante, podemos destacar a importância das temáticas tratadas. Além do foco em dois gêneros principais na sequência – propaganda e debate – a reflexão sobre as relações sociais estabelecidas por meio desses gêneros e o foco nos estereótipos difundidos nos gêneros pode constituir-se em elementos fundamentais para a constituição de identidades sociais e quebra de valores já instituídos. Ver a sociedade de outro modo, seus hábitos e os modos como os grupos sociais são estigmatizados por meio de atividades cotidianas pode ser uma das consequências de um trabalho como este que foi sugerido.

Explorando os nomes dos alunos: relato de experiência

O trabalho envolvendo os nomes dos alunos, assim como o de rótulos, também tem sido bastante vivenciado em turmas de alfabetização da EJA e do Ensino Fundamental. Apresentaremos e comentaremos a seguir o trabalho desenvolvido pela professora Ana Catarina Cabral que, ao trabalhar a temática "Eu, Família e Escola", desenvolveu uma sequência de atividades envolvendo a exploração dos nomes dos alunos, envolvendo a leitura e produção de textos, assim como atividades relacionadas à construção do princípio alfabético e consolidação das correspondências grafofônicas.

> As atividades que serão relatadas foram planejadas a partir da temática *Eu, Família e Escola*. Tive como principais objetivos levar os alunos a refletirem sobre o Sistema de Notação Alfabética de forma lúdica e contextualizada através da reflexão sobre os nomes, tendo em vista que esses transmitem a identidade do aluno de forma bastante significativa. Para isso, os alunos, em vários momentos de aulas, foram convidados a identificar sílabas e letras do seu nome, identificar o próprio nome ou o de outro colega, compará-los com os dos outros colegas, partir e contar quantos pedaços tem o nome. Além

desse trabalho de análise e reflexão fonológica com o nome, também discutimos qual a função do nome e do sobrenome na sociedade e seus significados.

Para isso, iniciei o trabalho com os nomes a partir da distribuição de crachás. Colocava-os em cima da mesa e pedia que cada aluno procurasse o seu e em seguida falasse a história do nome (Quem o escolheu? Por quê? Com a ajuda de quem? Gostam do nome?). Neste momento aproveitei para perguntar aos alunos como sabiam que aquele era o seu nome. Assim, tinha o propósito de identificar quais estratégias os alunos que ainda não haviam se apropriado das várias características do sistema de escrita alfabética (SEA) lançavam mão no momento de localizar seus nomes. Muitos, nesse momento, diziam: Meu nome começa com a letra "X" e eu dizia apontando para outro, esse aqui também. Desta forma, essas atividades possibilitaram, em várias aulas, aos alunos entrarem em conflito em relação às hipóteses construídas e aos poucos estabilizarem seu nome e dos colegas de classe, como se pode ver no diálogo abaixo:

P.: Que nome está escrito aqui?

A.: Maria.

P.: Miriam você sabe outros nomes que comecem com MA de Maria?

A.: Mário, Marlene.

P.: Dona Lourdes, a Sra. conhece outros nomes que comecem com MA de Mário?

A.: Pera aí, deixa ver. Marilda, Marilene, Marilete.

P.: Dona Leonilda?

A.: Marcos, Marido.

P.: Nomes de pessoa!

A.: Manuel, Marcone, Marciel.

Os alunos continuaram dizendo vários nomes iniciados com MA.

P.: Quitéria como eu escrevo MA?

A.: Um A.

P.: Antes do A que letra eu coloco para fazer MA?

A.: Um M.

P.: Agora me diga algum nome que começa com JO de Josefa. Qual é o primeiro pedaço de JO, SE, FA (bato palmas).

A.: (Silêncio)

A: O primeiro pedaço de Josefa é JO.

P.: Isso! Me digam nomes que comecem com JO.

A.: Josineide

A.: JÓ, Josinete.

P.: Bora fazer assim, cada um diz um.

A.: Josuel.

A.: Josias.

Continuaram dizendo nomes começados por JO.

Após esse momento, entreguei a música de Toquinho "Nome e Sobrenome" e cantei juntamente com as alunas. Depois falei da importância do nome e de sua função na sociedade. Para isso, realizei alguns questionamentos: Onde precisamos utilizar o Nome e Sobrenome? Para que servem?

Em outra aula, analisei, juntamente com as alunas, o RG e o CPF (Nome do Pai, Nome da mãe, o número que muitas vezes substitui o nome). Em outra atividade pedi que elas confeccionassem suas próprias identidades.

Em outro momento, continuando o trabalho com nome, levei para as alunas uma revista que trazia o significado de alguns nomes. Elas mostraram-se bastante entusiasmadas e perguntaram o significado dos nomes de seus filhos e conhecidos. Também falei um pouco sobre a origem do sobrenome. Para isso, li um texto retirado da internet que falava da família Silva.

Paralelo a essas atividades, realizei: bingo de nomes, ditado com nomes, escrita de nome de colegas que se sentam perto, escrita de nomes da sala que tinham 4, 5, 6 e 8 letras e nomes que comecem com o mesmo som, dentre outras.

Quando os nomes das alunas da sala já estavam estabilizados, realizei a produção de uma Agenda. As alunas foram solicitadas a escrever o nome, endereço e telefone. Nessa atividade, trabalharam a escrita do nome, a ordem alfabética, a função do endereço e do telefone na agenda.

Diante desse trabalho e do interesse dos alunos na realização das atividades, ratifica-se a ideia de que, quando a escrita é trabalhada em sala a partir de situações reais, proporciona-se aos alunos apropriarem-se dos usos e funções da escrita de forma significativa. Daí percebe-se a importância de trabalhar a partir de necessidades sociais claras, com textos que circulam na sociedade, como foi o caso do RG, CPF e Agenda. Porém não se deixou de lado o trabalho de apropriação do sistema de escrita alfabética, que é de fundamental importância no processo de alfabetização (Ana Catarina Cabral, Programa Brasil Alfabetizado, Recife, 2004).

Nesta experiência, além do trabalho com os nomes dos alunos, foram inseridos outros materiais escritos: documentos (RG e CPF); verbete (etimologia das palavras); agenda (endereço, telefone, nome). Todos eles circularam na sala de aula atendendo a finalidades próprias desses materiais. A temática proposta para discussão também é interessante, por promover a curiosidade e o interesse: para que servem os nomes e os sobrenomes?; em que situações as pessoas dizem seus sobrenomes na sociedade?

O foco central da experiência foi o eixo da apropriação da escrita alfabética. Várias atividades foram desenvolvidas pelos alunos tanto de forma coletiva, como individual: reconhecimento dos nomes dos alunos da turma, identificação da letra inicial dos nomes dos alunos, comparação entre os nomes que possuem um mesmo som, produção de palavras que começam com a mesma sílaba de alguns nomes de alunos da turma, formação dos nomes com alfabeto móvel, contagem de sílabas e de letras das palavras correspondentes a diferentes nomes, dentre outras. Tais tipos de atividades são favoráveis à elaboração de hipóteses e a descobertas dos princípios do sistema alfabético de escrita. Poderiam, ainda, ter sido desenvolvidas outras atividades, como:

- Jogo de trilha em que os estudantes, ao chegarem a uma célula, tivessem que ler a palavra escrita (o nome dos alunos da sala);
- Atividades em que eles cortassem as letras de dois ou três nomes e tentassem formar novas palavras;
- Construção de fichas com os nomes deles e alguma característica de cada um deles.

Em relação à leitura, como podemos observar no relato da professora Ana Catarina, nas aulas que envolveram o trabalho com os nomes dos alunos, eles puderam ler textos diversos, algumas vezes por meio da leitura que a professora realizou em voz alta (verbetes com o significado dos nomes e sua etimologia), outras vezes eles próprios lendo com a professora (música de Toquinho, documentos do RG e CPF). Os textos, por sua vez, foram lidos com o objetivo de aprender e conhecer mais sobre a temática em estudo ou sobre gêneros específicos (documentos), ou para que juntos pudessem cantar músicas.

O trabalho de produção de textos escritos envolveu a confecção de uma agenda com endereços e números de telefone, atividade que envolveu várias etapas: análise das características de uma agenda, como sua funcionalidade, as informações que contém, a forma como os dados estão organizados etc.

A oralidade foi contemplada nos relatos produzidos pelos alunos acerca da origem de seus nomes. Os relatos são gêneros comuns na vida diária e podem servir de ponto de apoio para aprendizagens que podem ser transferidas para outros gêneros mais incomuns, como os depoimentos mais formais.

Como vemos, diferentes gêneros, conhecimentos e habilidades foram contemplados na experiência vivenciada pela professora. Com base nesta experiência, podemos planejar novas sequências envolvendo a mesma temática. O trabalho com poemas e músicas pode ser muito produtivo.

Sugestão de sequência com músicas e poemas

1- Conversa com os alunos sobre os compositores e cantores que eles mais gostam, destacando o estilo musical e as temáticas sobre as quais eles tratam. Perguntar se esses compositores têm músicas cujo título tem nomes de pessoas. Pedir que eles lembrem dessas músicas.

2- Entrega para os alunos da transcrição de algumas letras de música em cujos títulos aparecem nomes de pessoa (um texto para cada grupo). Por exemplo: A Rita (Chico Buarque), Angélica (Miltinho e Chico Buarque), Bárbara (Chico Buarque e Ruy Guerra), Beatriz (Edu Lobo e Chico Buarque),

Bete Balanço (Frejat e Cazuza), Carolina (Chico Buarque), Carolina (Seu Jorge), Cecília (Luiz Cláudio Ramos e Chico Buarque), Conceição (Jair Amorin e Dunga), Dinorah, Dinorah (Ivan Lins e Vitor Martins), Flora (Ednardo, Dominguinhos e Clinério), Gabriel (Beto Guedes e Ronaldo Bastos), Iracema Voo (Chico Buarque), Januária (Chico Buarque), Jeni e o Zepelin (Chico Buarque), João e Maria (Chico Buarque e Sivuca), Laura (Antônio Carlos e Jocafi), Lígia (Tom Jobim), Madalena (Ivan Lins e Ronaldo Monteiro), Maria (Ary Barroso e Luiz Peixoto), Maria dos Santos (Alceu Valença e Dom Tronxo), Maria, Maria (Milton Nascimento e Fernando Brant), Mônica (Ângela Rô Rô), Neide Candolina (Caetano Veloso), Para Lennon e McCartney (Lo Borges, Márcio Borges e Fernando Brant), Stephen Fry (Zeca Baleiro), Teresinha (Chico Buarque), dentre outras.

3- Solicitação de que, em pequenos grupos, os alunos leiam o texto e elaborem hipóteses sobre quem seria a pessoa citada e tentem descobrir se a elaboração da música foi feita realmente pensando em alguma pessoa em particular ou se seria uma forma de se referir a muitas pessoas, como em Maria, Maria. Pedir que busquem descobrir como seria essa pessoa (ou essas pessoas), destacando suas características e o tipo de relação que teve ou tem com o compositor. Por exemplo, se é filho, namorada, pai... Frente às hipóteses, que eles escrevam anotações com as características indicadas pelo grupo.

4- Solicitação de que, em grande grupo, cada equipe de trabalho leia o seu texto e diga o que entendeu da música. Colocar a música para tocar e realizar uma discussão sobre a música (falando também dos efeitos de sentido provocados pela melodia). Essa atividade pode ser feita em mais de um dia, com textos diferentes.

5- Entrega de um poema que tenha nomes de pessoas. Realizar atividades de identificação dos nomes das pessoas, em duplas. O professor pode ler antes o poema, para que eles saibam quais os nomes que estão no texto. Essa leitura é importante principalmente para os alunos que ainda não dominam o sistema de escrita. Fazer atividade coletiva de encontrar palavras semelhantes aos nomes identificados (outros nomes que comecem com a mesma sílaba, nomes que rimam...)

6- Interpretação do poema coletivamente.

5- Solicitação de que os alunos pesquisem outras músicas ou poemas cujos títulos contenham nomes de pessoas. Pode-se discutir em sala sobre os textos levados pelo grupo.

6- Entrega de fichas para que cada aluno coloque seu nome no papel; misture os papéis e entregue um para cada estudante. Pode-se pedir que eles pensem em várias palavras que rimam com o nome recebido e que combinem com a pessoa que foi sorteada. Pode-se também expor coletivamente as rimas encontradas.

7- Produção de um poema para o colega que foi sorteado. Pode-se dizer que eles podem usar as rimas que foram produzidas.

8- Entrega dos poemas para os colegas e sugestão de que leiam ou recitem todos os poemas.

Essa sequência, além de contemplar textos muito presentes em nosso cotidiano – músicas e poemas –, possibilita que os alunos, ao analisarem diferentes personalidades retratadas nos textos lidos, reflitam sobre suas próprias identidades. É interessante também porque pode ajudar o aluno a ampliar seu repertório musical e reconhecer estilos musicais. Isto é, os estudantes, no período de realização da sequência, podem ler e ouvir músicas e poemas de diferentes compositores e poetas e aprender mais sobre eles e sobre seus estilos musicais e poéticos.

No eixo da leitura, podem desenvolver a capacidade de: apreender o sentido geral dos textos; realizar inferências; caracterizar personagens, com base nas pistas textuais; comparar textos; estabelecer relações entre texto verbal e melodia musical, para constituição de sentidos; dentre outras. Essas atividades são fundamentais para o desenvolvimento da capacidade de compreensão de textos.

Em relação à produção de textos, os estudantes produziriam, nesta proposta, tanto um pequeno texto sobre a pessoa descrita na música lida, focando suas características e a relação que teria com o autor da música; como um poema envolvendo nomes de colegas da turma e palavras que rimavam com esses nomes. Ambos os textos seriam produzidos para serem lidos para os demais colegas. O destinatário, que é o colega, é a pessoa que seria retratada no texto, podendo constituir uma situação em que eles homenageiam os colegas, estreitando relações de amizade e fortalecendo os laços que podem uni-los rumo à construção de identidades coletivas.

O eixo da oralidade é contemplado nas situações de discussão mais informais (conversas e discussão sobre os textos lidos). O trabalho com oralização do texto escrito também é contemplado, no momento em que eles teriam que recitar os poemas escritos por eles. No capítulo 4, algumas reflexões interessantes sobre este tipo de atividade são feitas.

O eixo da apropriação do sistema alfabético seria contemplado em diversas atividades: leitura de textos que poderiam saber de cor; identificação de palavras nos textos lidos; exploração de aspectos estéticos do texto, como as rimas e a repetição de palavras; comparação e produção de palavras que começam com o mesmo som ou que rimam; comparação de palavras quanto ao número de sílabas; escrita do próprio nome, dentre outras.

Mais uma vez, podemos destacar que a proposta didática contempla gêneros discursivos (poema e música) que são lidos e produzidos de forma dinâmica, com exploração de várias dimensões e focando o desenvolvimento de habilidades em diferentes eixos de ensino da língua portuguesa.

O trabalho com calendário: relato de experiência

O calendário é um gênero muito presente em nosso cotidiano, nos diferentes espaços que frequentamos: em casa, no trabalho, em lojas comerciais, na igreja. Consultamos constantemente o calendário para diferentes fins: agendar compromissos, planejar ações, verificar em que dia da semana determinada data cairá, etc. Na escola, o calendário também é muito consultado, seja para marcar datas importantes (aniversários, reuniões, festas, culminâncias de projetos, etc.), seja para consultar dias específicos.

A alfabetizadora Rachel Menezes Freitas realizou, em três encontros, uma sequência de atividades envolvendo esse gênero que era bem familiar aos seus alunos. Nos encontros foram realizadas as seguintes atividades: discussão sobre o gênero a partir da leitura do calendário escolar do ano letivo Paulo Freire, da Secretaria de Educação do Recife, no qual estavam marcados os dias das reuniões pedagógicas; apresentação de vários tipos de calendários e suportes (cartazes, ímãs de geladeira, réguas etc) e reflexão sobre a função e características gerais dos calendários: quantidade de dias da semana, meses, ano, ano bissexto, de acordo com o calendário ocidental, entre outros aspectos. A alfabetizadora também estabeleceu relações entre as agendas e os calendários: demonstrou para os alunos que o gênero calendário fazia parte das agendas e, para isso, levou algumas agendas para que os alunos observassem, entre outras coisas, a presença do calendário do ano letivo e de anos anteriores.

O ensino empreendido pela professora Rachel culminou com a proposta de produção de um calendário pessoal, em que o aluno deveria criar legendas próprias para marcar datas comemorativas individuais, ou marcar outras datas. O aspecto destacado pela professora para incentivar os alunos a realizarem a atividade foi a utilidade pessoal do calendário personalizado. Muitos foram os depoimentos dos alunos durante e após a confecção dos *seus* calendários:

> "Eu não sabia fazer segunda, terça, quarta, quinta, sexta. Gostei porque colocamos as datas do nascimento, do aniversário";
>
> "Gostei porque é importante termos o calendário e saber a data que completamos o ano";
>
> "O calendário serve para marcar a data do bujão quando se acaba, médico, marcar o dia para receber dinheiro";
>
> "Acho importante porque podemos ver as coisas do dia a dia. É importante saber quando vai terminar o mês";
>
> "Usava para ver a data de uma viagem. Marcava a data do bujão de gás."

Na sequência de atividades desenvolvida pela professora Rachel, observamos que o eixo da leitura foi contemplado por meio das situações de discussão no grande grupo sobre o gênero em foco – o calendário –, que contemplou aspectos como organização, funcionalidade, diferentes suportes e tipos etc. Os alunos puderam conhecer mais sobre esse gênero com o qual conviviam, como pôde ser observado nos depoimentos apresentados. Em relação à produção de textos, os alunos puderam confeccionar seus próprios calendários, com as informações relacionadas à vida de cada um (aniversários, compromissos, dentre outros aspectos).

No que se refere à apropriação da escrita alfabética, os alunos foram levados a ler e identificar as palavras correspondentes aos meses do ano e aos dias da semana. Mesmo os alunos que estavam em níveis iniciais da escrita, poderiam identificar alguns meses usando algumas pistas, como a letra inicial e a ordem em que os meses aparecem no calendário (agosto e abril começam com A, mas abril vem primeiro).

Outras atividades envolvendo a comparação entre as palavras correspondentes aos meses do ano poderiam ser feitas, tais como:

- Identificação dos meses cujas palavras rimam (JANEIRO-FEVEREIRO; SETEMBRO-NOVEMBRO-DEZEMBRO);
- Identificação dos meses que começam com determinada letra;
- Comparar a escrita de alguns meses, destacando as semelhanças e diferenças sonoras e gráficas (JUNHO-JULHO);
- Identificar o mês que tem menos letras e aqueles que têm a mesma quantidade de letras.

Para dar continuidade a um trabalho como esse desenvolvido pela professora Rachel, e aproveitando que o tema era "tempo", poderíamos desenvolver uma sequência com cronograma.

Sugestão de sequência com cronogramas

1- Exposição de dois cronogramas, em cartazes, e discussão com os estudantes sobre as finalidades dos cronogramas. Para que servem esses textos? Quem produziu? Onde esse texto poderia ser encontrado?

2- Divisão da turma em grupos, para entregar um cronograma para cada grupo. Pode-se pedir que os alunos busquem informações sobre o texto: quem produziu? Com que finalidade? De onde ele foi tirado? Qual é a atividade prevista para a segunda-feira à tarde? E para a quarta-feira?

3- Socialização, em grande grupo, do que descobriram sobre o texto recebido. Pode-se discutir após a exposição de cada grupo.

4- Entrega para os alunos de um esquema de um cronograma não preenchido e fichas com atividades diversas para que eles preencham o cronograma, imaginando uma semana de uma pessoa. Nesta atividade, os alunos devem tentar ler as fichas, já que podem antecipar alguns sentidos pelo conhecimento do gênero e do cotidiano das pessoas.

5- Discussão sobre como cada grupo preencheu o cronograma.

6- Planejamento em grupos de um cronograma a ser seguido pela turma, com propostas de atividades a serem desenvolvidas em uma semana. Antes, pode-se conversar com eles, mostrando que no dia a dia da sala de aula, eles realizam atividades diversas. Pode-se pedir que eles enumerem que atividades seriam essas. Pode-se, ainda, conversar sobre quais atividades eles mais gostam e as que eles não gostam muito. Refletir se as atividades que eles citaram são importantes para a aprendizagem deles. Conversar também sobre possíveis temas a serem tratados em sala de aula.

7- Leitura, em grande grupo, de todos os cronogramas, para votação do cronograma de que mais gostaram. O professor pode construir coletivamente um gráfico de barras com o quantitativo de respostas dos alunos. Antes da votação, é interessante que cada grupo justifique porque escolheu determinadas atividades.

8- Leitura em grande grupo (colocar o cronograma escolhido no quadro) e discussão sobre se eles querem modificar alguma coisa no cronograma. O professor pode sugerir atividades ou temáticas com base em sua avaliação sobre as necessidades dos alunos.

9- Leitura do cronograma na semana seguinte (o cronograma pode ser afixado na parede), para que ele seja seguido, com retomadas de tudo o que foi planejado.

10- Avaliação da semana e discussão sobre se seria interessante organizar um novo cronograma.

Nessa sequência de atividades envolvendo o gênero cronograma, uma das conquistas que podem ser alcançadas é o desenvolvimento de diferentes estratégias de organização pessoal. Nessa direção, os estudantes podem se familiarizar com o gênero cronograma e conhecer tanto sua função e possibilidades de uso, como a forma como são organizados e as informações que podem conter. É fundamental também a construção de uma postura participativa dos estudantes no próprio planejamento do professor. No capítulo 5 tal tema é discutido com maior detalhamento.

O eixo da oralidade é contemplado tanto nas situações de discussão sobre o gênero, quanto no momento que antecedeu a votação do cronograma que os alunos mais gostaram. Nesse momento, cada grupo teve que expor para o grande grupo as justificativas para a escolha das atividades presentes nos cronogramas que produziram. A exposição de cada grupo sobre os conhecimentos que sistematizaram sobre os cronogramas também é relevante, pois contempla um gênero escolar de grande importância na vida escolar e cujas aprendizagens podem ser transferidas para outras situações.

No eixo da leitura, a localização de informações é uma habilidade muito enfatizada, além das já citadas, relativas às reflexões sobre o gênero, suas finalidades e suportes textuais.

Quanto à produção de textos, os estudantes podem analisar alguns cronogramas para refletir sobre como eles se organizam e depois produzirem, em pequenos grupos, um cronograma para ser seguido pela turma com atividades que seriam desenvolvidas em uma semana específica. Para essa produção, os alunos teriam que pensar que tipos de atividades poderiam estar presentes, e decidir, nos pequenos grupos, aquelas que efetivamente iriam fazer parte de seus cronogramas. Após a votação do cronograma que mais agradaria à turma, pode ser dada a oportunidade aos alunos de modificá-lo, podendo acrescentar ou retirar determinadas atividades. O cronograma escolhido deveria ser seguido pela turma, o que revela uma preocupação com o objetivo para a realização da atividade de produção de texto. Antes de definir os cronogramas, os estudantes fariam a listagem das atividades, inserindo este outro gênero no cotidiano escolar. A produção do gráfico de barras também pode ser citada.

O eixo da apropriação do sistema alfabético também foi contemplado, pois os estudantes, mesmo que não saibam ler e escrever, podem usar seus conhecimentos prévios para tentar ler as palavras correspondentes às atividades que poderiam compor o cronograma que deveriam montar, e para escrever as atividades do cronograma correspondente às atividades que a turma deveria realizar em uma semana específica. Para essas duas atividades (montagem e produção do cronograma), a mediação do professor é muito importante, pois ele pode ajudar os alunos a tentar estabelecer as correspondências grafofônicas necessárias para que os textos sejam produzidos.

Lendo notícias em sala de aula: relato de experiência

O jornal tem se constituído em um material impresso muito presente em salas de aulas do Ensino Fundamental e da EJA. Vários são os textos que podem ser lidos com diferentes finalidades, por meio desse material: notícias e reportagens para se manter informado e se posicionar sobre os assuntos tratados; tirinhas para se divertir; anúncios para quem quer realizar alguma ação de compra/venda/aluguel/procura de empregos; resumos das novelas para se informar sobre os episódios da semana; programação cultural para conhecer os eventos da semana; dentre outras, textos presentes nos jornais.

No caso da EJA, mesmo os alunos que estão em processo de alfabetização gostam quando os professores levam jornais para serem lidos na sala de aula, pois é uma forma de se manterem atualizados e de discutirem com os colegas sobre alguns acontecimentos. A seguir, apresentaremos um relato de uma aula envolvendo a leitura de uma notícia de um dos jornais de grande circulação na cidade do Recife. A professora Verônica Alves de Barros, no período em que trabalhava com a temática "Cidade", levou uma reportagem sobre um acontecimento de interesse de todos para ser lida para os alunos e, a partir dela, desenvolveu outras atividades. Vejamos o relato da professora:

> A aula teve início com a leitura da manchete de uma notícia do Jornal do Comércio: "Bombeiros testam repelentes contra tubarão". Escrevi essa manchete no quadro e solicitei que os alunos fizessem sua leitura. Alguns alunos conseguiram ler; então perguntei sobre o que eles achavam que a notícia iria tratar. Alguns responderam: "Da morte do rapaz que foi mordido pelo tubarão"; outros disseram que "era um veneno contra o tubarão", e outros não sabiam o significado da palavra repelente.
>
> Em seguida, fiz a leitura da notícia em voz alta e depois lancei algumas perguntas para o grupo, do tipo: vocês entenderam o texto? O que é esse repelente contra tubarão? Vocês acham

que vai dar certo? O que vocês acham que está causando os ataques? Após o debate, solicitei dos alunos que destacassem as palavras que mais chamaram a atenção deles, e eles destacaram "repelente", "bombeiro" e "região metropolitana do Recife".

Após esse momento, perguntei: onde ocorreu o ataque? E eles responderam "Piedade". Então perguntei se Piedade fazia parte das praias do Recife; alguns alunos disseram que sim, outros disseram que não.

Passaram então a listar as praias que faziam parte do Recife. Esta atividade foi feita em grupo, outro grupo iria listar algumas ruas dessa cidade, outro os bairros e o quarto grupo os principais pontos históricos (neste momento houve discussão no grupo sobre a escrita das palavras: ortografia, letras, som etc) (Verônica Alves de Barros, Programa Brasil Alfabetizado, Recife, 2003).

Nas atividades desenvolvidas pela professora Verônica, observamos que além de contribuir para a familiarização com o jornal, estimulando os alunos a lerem mais este suporte textual, também favoreceu a ampliação dos conhecimentos deles sobre o tema em foco. Ler jornais em turmas de Educação de Jovens e Adultos reveste-se de especial importância, pois esses estudantes passam a compreender mais a sociedade e inserir-se nela de modo mais crítico.

O trabalho no eixo da oralidade envolveu a realização de uma discussão sobre as possíveis causas dos ataques dos tubarões em praias da região metropolitana do Recife. Os alunos deveriam lançar mão de seus conhecimentos sobre o assunto para se posicionarem em relação à pergunta feita pela professora (o que vocês acham que está causando os ataques?). Por meio de discussões desse tipo, os estudantes podem aprender a emitir opinião e justificar seus pontos de vista, além de desenvolver escuta atenta e refutar pontos de vista de outras pessoas sobre um tema em foco.

Em relação à leitura, os alunos puderam ampliar seus vocabulários a partir da exploração da manchete e da notícia (alguns não sabiam o significado da palavra "repelente", e da expressão "Região Metropolitana do Recife", por exemplo), assim como realizaram atividades envolvendo as estratégias de antecipação do assunto do texto e de identificação de algumas partes que o compõem (*o que aconteceu, onde, por que*). A estratégia de ativar conhecimentos prévios para a interpretação de um texto também foi contemplada, assim como a de apreender sentidos gerais, no momento em que eles tinham que dizer o que entenderam do texto.

Em relação à produção de textos, os alunos foram solicitados a, em pequenos grupos, produzirem listas com algumas informações sobre a cidade onde moram (praias, ruas, bairros e pontos históricos).

O eixo da apropriação da escrita alfabética foi trabalhado por meio da leitura da frase correspondente à manchete da notícia e da escrita das palavras que comporiam a lista que cada grupo deveria produzir. As palavras destacadas pelos alunos, como REPELENTE e PIEDADE, também poderiam ter sido exploradas no que se refere às unidades menores que as compõem, por meio de atividades como:

- Identificação e contagem das sílabas e letras que compõem as palavras;
- Formação das palavras com o uso do alfabeto móvel;
- Identificação de palavras dentro dessas palavras (REPELENTE: PELE, LENTE, PENTE / PIEDADE: IDADE, PIA, IDA);
- Produção de palavras que rimam com as palavras REPELENTE e PIEDADE, ou de palavras que começam com a mesma sílaba dessas palavras.

Uma sugestão de sequência que poderia ser desenvolvida em continuidade ao trabalho realizado poderia ser a de leitura e produção de reportagens.

Sugestão de sequência com reportagem e entrevista

1- Explorar jornais e revistas, para familiarização dos estudantes com estes suportes textuais, sobretudo, quanto às finalidades e temáticas veiculadas nestes portadores textuais. Podem ser levantadas questões para que eles discutam em grupo e depois socializem as respostas: "Para que serve um jornal/revista?; Quem são as pessoas que leem jornais/revistas?; O que a gente pode encontrar em um jornal/revista?"

2- Explorar os cadernos de jornais e seções de revistas, para que os estudantes percebam que existem diferentes tipos de temas e de espécies de textos e ajudá-los a manipular tais suportes textuais. Podem ser levantadas questões para que eles discutam em grupo e depois socializem as respostas: "Como são os textos que aparecem neste caderno do jornal?; Sobre que assuntos eles tratam? Os textos são grandes ou pequenos? Todas as pessoas se interessam por este tipo de assunto?"

3- Identificar e reconhecer reportagens, para que eles se familiarizem com o gênero, reconhecendo suas características. Podem ser levadas várias reportagens que tratem de temas polêmicos ou eventos que suscitem diferentes julgamentos dos leitores e distribuídas para que os alunos, em grupo, leiam e depois falem para os colegas sobre o que o texto trata.

4- Discutir sobre os temas contemplados em algumas reportagens, para que os estudantes aprendam a identificar pontos de vista expostos em reportagens (pelo autor ou em depoimentos inseridos nas reportagens) e emitir opinião própria sobre tais pontos de vista. Podem ser levadas reportagens que contemplem temas polêmicos e nas quais apareçam opiniões sobre os temas ou eventos relatados (uma a cada dia) para que os alunos discutam, com base em questões de interpretação propostas: pode ser apresentado um conjunto de questões e cada grupo se concentra para responder as questões (incluindo questões de identificação das opiniões expostas na reportagem, tanto explicitamente quanto implicitamente, questões de comparação entre tais opiniões e questões em que os estudantes tenham que emitir sua própria opinião). É importante que os estudantes realizem tal tipo de atividade mais de uma vez.

5- Discutir sobre alguns temas e escolher quais irão ser usados para elaboração de reportagens a serem enviadas para algum jornal da comunidade, afixadas em algum jornal mural, inseridas em algum jornal escolar. Neste momento, é importante definir com o grupo algum projeto a ser executado coletivamente, que culmine com a produção de reportagens. É fundamental delimitar claramente onde os textos serão inseridos, quem seriam os leitores dos textos, em que circunstâncias eles iriam ter acesso aos textos, as etapas que precisariam percorrer para escreverem textos (que tipos de conhecimentos precisam adquirir para escrever melhor).

6- Explorar os recursos usados em reportagens para inserção dos pontos de vista, indicação dos dados das pessoas que deram depoimentos, linguagem utilizada pelos autores, tamanho dos textos, dentre outras características do gênero. Neste momento, podem ser previstas atividades em que sejam levadas reportagens para análise coletiva: interpretação dos textos, com questões também com foco em recursos variados usados pelos autores.

7- Dividir grupos, com escolha dos temas, dentre os citados anteriormente, para que cada grupo elabore uma reportagem. Os estudantes podem discutir em sala sobre os temas e depois podem votar para escolher alguns temas. Os temas mais votados podem ser divididos entre eles.

8- Planejamento do trabalho: definição do tema de cada grupo, delimitação das fontes de informações (outras reportagens e notícias, textos didáticos, programas televisivos, pessoas que têm envolvimento com o tema); organização de roteiro de entrevistas; escolha de pessoas a serem entrevistadas; planejamento de como serão feitas as entrevistas.

9- Realizar entrevistas.

10- Sistematizar dados coletados em entrevistas, com acompanhamento da professora em momentos em sala de aula, para seleção de informações a serem inseridas no texto.

10- Propor a escrita dos textos em grupos, com acompanhamento da professora.

11- Revisar todos os textos. A professora pode a cada dia expor um texto no quadro e revisá-lo coletivamente, fazendo os ajustes para melhorá-lo.

12- Organizar os textos, para inseri-los no suporte textual planejado anteriormente (jornal da comunidade, ou jornal escolar, ou jornal mural...).

Os conhecimentos sobre os suportes textuais jornal e revista são, sem dúvida, centrais nesta sequência proposta. Por meio das atividades propostas, os estudantes podem refletir sobre as finalidades dos suportes, os tipos de destinatários, os tipos de conteúdos presentes nestes suportes, a organização desse portadores (divisão em cadernos, seções), as características dos gêneros mais frequentemente encontrados nestes suportes.

Além de conhecer melhor os jornais e revistas, o trabalho específico com reportagens pode possibilitar o desenvolvimento de habilidades de refletir sobre os textos que circulam socialmente. Especificamente em relação às reportagens, eles podem aprender a identificar e caracterizar reportagens, refletindo sobre suas finalidades, tipos de conteúdos, dimensão argumentativa das reportagens, recursos usados em reportagens para inserção dos pontos de vista, recursos usados para indicação dos dados das pessoas que deram depoimentos, linguagem utilizada pelos autores, tamanho dos textos. Todas essas características podem ser foco de atenção, fazendo com que, ao mesmo tempo em que eles conhecem mais o gênero, possam desenvolver habilidades gerais de pensar sobre os materiais escritos que circulam na sociedade.

No eixo da leitura, os estudantes podem, além de manusear materiais escritos de grande circulação, como jornais e revistas, socializando com os colegas o que sabem sobre eles e ampliando seus conhecimentos sobre esses impressos, como já foi dito, aprender a com base na leitura de um texto: identificar o tema/assunto tratado; identificar pontos de vista (opiniões) explícitos ou implícitos veiculados em reportagens (de pessoas citadas na matéria e do autor); emitir opinião sobre opiniões expostas nas matérias. Tais habilidades podem ser transferidas para outros gêneros.

Quanto à produção de textos, os estudantes, como já foi dito, analisariam algumas reportagens para refletir sobre como elas se organizam e produziriam suas próprias reportagens para compor jornais ou revistas da comunidade ou da própria escola. Para isso, planejariam todas as ações que envolveriam a produção do texto em questão, realizando ações de selecionar conteúdos a serem inseridos em textos a serem produzidos e planejar a organização sequencial de textos. Como a proposta é a de que as reportagens produzidas façam parte de algum jornal da escola ou comunidade, os estudantes também foram estimulados a revisar os textos, desenvolvendo habilidades de releitura de trechos, análise de partes do texto, checagem acerca do atendimento aos objetivos previstos, utilização de conhecimentos sobre a norma padrão e sobre os recursos de textualidade.

O eixo da oralidade é contemplado de diferentes formas: nas situações de discussão sobre os suportes *revista* e *jornal* e sobre o gênero *reportagem*; nas discussões realizadas para discussão das temáticas tratadas nas reportagens lidas, momento em que poderão desenvolver a capacidade de defender opinião para deliberação coletiva (que temas tratar nas reportagens coletivas); na produção de uma entrevista, para a qual os alunos deveriam se preparar: organizar roteiro de entrevista, elaborar questões, selecionar entrevistados, realizar a entrevista, sistematizar os dados coletados.

No eixo da apropriação do sistema alfabético, os estudantes poderiam identificar nomes de diferentes jornais e revistas, assim como das seções que compõem esses materiais. No momento da produção das reportagens, alunos de diferentes níveis de escrita produziriam os textos em pequenos grupos, com a ajuda do professor e, nesses momentos, poderiam acionar os conhecimentos que já sabem e tentar estabelecer correspondências grafofônicas entre o que está sendo proposto para ser escrito e o que efetivamente é escrito pela pessoa que assumiu tal responsabilidade. No momento de revisão do texto, além de refletirem sobre aspectos relacionados ao gênero (organização, exposição da temática, linguagem empregada etc), os alunos poderiam rever a escrita de algumas palavras usando o dicionário se necessário, ou se apoiando nos conhecimentos que possuem sobre algumas regras ortográficas. Para o processo de produção e revisão do texto, como já dissemos anteriormente, a mediação do professor é fundamental.

Conclusões

Os relatos de docentes que atuavam em turmas de alfabetização de jovens e adultos, juntamente com as sugestões de atividades de apropriação do sistema alfabético agregadas aos comentários sobre tais relatos, assim como as propostas de sequências didáticas com foco nos diferentes gêneros textuais apresentados neste capítulo buscam, sobretudo, evidenciar possibilidades de trabalho docente fundadas na abordagem da alfabetização na perspectiva do letramento. Para isso, diferentes eixos do ensino da língua portuguesa foram integrados rumo a uma aprendizagem mais consistente e significativa.

Como foi discutido no capítulo 1, ao proporrmos uma alfabetização contextualizada, não estamos minimizando o papel que tem o ensino da base alfabética, pois sabemos que tal conhecimento é indispensável para a participação autônoma dos jovens e adultos em situações sociais em que a escrita faz-se presente. Por tal motivo, inserimos neste capítulo, assim como fizemos nos capítulos 2, 3, 6 e 7, reflexões que podem auxiliar o professor a planejar atividades voltadas para tal eixo de ensino, de uma forma dinâmica, problematizadora, favorecendo a aprendizagem dos estudantes.

A aprendizagem da escrita alfabética, portanto, é uma das prioridades do ensino no início da escolarização, precisando ser contemplada no planejamento dos docentes. Mas defendemos, ao longo deste livro, que o trabalho voltado para o desenvolvimento das habilidades e conhecimentos necessários para a produção de compreensão de textos escritos também é fundamental, principalmente porque os jovens e adultos buscam a escola com expectativas relativas a tal tipo de aprendizagem. Eles querem participar de diferentes eventos sociais, lendo e produzindo textos de modo autônomo. Por tal motivo, priorizamos neste capítulo, assim como o fizemos no capítulo 4, as reflexões sobre o trabalho com produção e compreensão de textos escritos.

Além de lidar com os textos escritos, tal como vimos no capítulo 4, os estudantes têm expectativas voltadas para as capacidades para lidar com a linguagem oral. Por isso, neste capítulo (capítulo 8), as sequências didáticas também contemplaram este eixo de ensino.

Neste capítulo, portanto, contemplamos relatos de docentes, sugestões de atividades de apropriação do sistema alfabético e propostas de sequências didáticas que se articulam e se fundam em uma proposta de alfabetizar letrando. Para isso, os exemplos ilustraram o que podemos fazer para lidar com diferentes gêneros textuais na alfabetização de jovens e adultos. Foram sugeridas atividades de reflexão, produção e compreensão de textos dos seguintes materiais escritos: agenda (endereço, telefone, nome); calendário; carta-convite; cartaz de divulgação de evento; cronograma; debate; discussão; documentos (RG e CPF); entrevista; exposição oral; gráfico de barras; lista; música; nome próprio; notícia; poema; propagandas impressas; reportagem; rótulo; texto didático (anotações de informações sistematizadas em grupo); verbete (etimologia das palavras).

Todos esses exemplos, obviamente, são apenas sugestões que podem ser desenvolvidas em turmas diversas de jovens e adultos. Elas podem ser alteradas, recortadas, ampliadas, rejeitadas... O importante é que o professor possa analisar criticamente estas e outras proposições didáticas, dentro de uma prática de planejamento reflexivo, tal como vimos discutindo no capítulo 5 desta obra, e seja sujeito de seu próprio fazer docente.

Os autores

ANDRÉA TEREZA BRITO FERREIRA

Doutora em Sociologia, professora do Departamento de Educação da Universidade Federal Rural de Pernambuco, membro do Centro de Estudos em Educação e Linguagem (CEEL).

ARTUR GOMES DE MORAIS

Doutor em Psicologia, professor do Departamento de Psicologia e Orientação Educacionais da UFPE, pesquisador do CNPq, membro do Centro de Estudos em Educação e Linguagem (CEEL).

ELIANA BORGES CORREIA DE ALBUQUERQUE

Doutora em Educação, professora do Departamento de Psicologia e Orientação Educacionais da Universidade Federal de Pernambuco, membro do Centro de Estudos em Educação e Linguagem (CEEL).

LEILA BRITTO DE AMORIM LIMA

Mestre em Educação, professora da Prefeitura do Recife, membro do Centro de Estudos em Educação e Linguagem (CEEL).

TELMA FERRAZ LEAL

Doutora em Psicologia, professora do Departamento de Métodos e Técnicas de Ensino da Universidade Federal de Pernambuco, membro do Centro de Estudos em Educação e Linguagem (CEEL).

Este livro foi composto com tipografia Times New Roman e impresso em papel Off Set 75 g/m² na Gráfica e Gráfica Paulinelli.